名曲教學與遊戲

古典音樂教案

吳淑玲　策畫主編

陸小瑩・林巧瑋等著

策畫主編者簡介 _____

吳淑玲

- 曾任教台北市立教育大學幼教系及多所大專校院幼保系，講授「兒童文學」、「幼兒文學與創作」、「幼兒資訊教學與應用」、「世界文學名著導讀」、「親職教育」等課程，目前為馬偕護校幼保系兼任講師
- 教育部語文教學專案研究、幼兒園、托兒所評鑑委員
- 全國「好書大家讀」年度總評審委員
- 各縣市故事志工培訓指導老師
- 國小及幼兒園輔導團「語文」、「性別平等」、「品格教育」行動研究指導老師
- 2006 年起，教育部五年輔導計畫公私立幼稚園、托兒所輔導老師
- 2006～2008 年台北市公立托兒所新移民及弱勢家庭語文督導
- 2007～2009 年桃園縣教育局托兒所、幼稚園、國小閱讀專案指導老師

作者簡介

林美雲（第一章）
　學歷：台北市立師範學院幼教系
　　　　國立台東師範學院兒童文學研究所
　現職：台北市南湖國小附設幼稚園教師

紀明美（第二、二十二章）
　學歷：台北市立師範學院幼教系
　現職：國小代理老師

廖冠琳（第三章）
　學歷：淡江大學教育資料科學系
　　　　台北市立師範學院幼教學分班
　現職：私立靈糧幼稚園教師

簡慧錦（第四章）
　學歷：中興大學公共行政系
　　　　台北市立師範學院幼教學分班
　現職：秀朗國小附設幼稚園教師

陳怡靜（第五、十五章）
　學歷：淡江大學中文系
　　　　台北市立師範學院幼教學分班
　現職：中央研究院附設幼稚園教師

林巧瑋（第六、十八章）
　學歷：淡江大學中文系

　　　　台北市立師範學院幼教學分班

　　現職：台北縣立三重中學幼稚園教師

施雅敏（第七章）

　　學歷：私立輔仁大學企管系

　　　　台北市立師範學院幼教學分班

　　現職：台北市道明幼稚園教師

李宜卿（第八、二十一章）

　　學歷：東吳大學社會工作系

　　　　台北市立師範學院幼兒教育學分班

　　　　英國 Roehampton 大學幼兒學碩士

　　現職：台北縣光復國小附設幼稚園教師

游意斐（第九、二十三章）

　　學歷：輔仁大學日本語文學系

　　　　台北市立師範學院幼教學分班

　　　　花蓮師範學院國小學分班

　　現職：台北市永吉國小教師

高立名（第十、二十四章）

　　學歷：輔仁大學中文系

　　　　台北市立師範學院幼教學分班

　　現職：台北市南湖國小附設幼稚園實習教師

黃金策（第十一章）

　　學歷：台北市立師範學院幼教系

　　現職：台北縣金山國小附設幼稚主任

陸小瑩（第十二、十三章）

　學歷：台北市立師範學院幼教系

　現職：台北市福林國小附設幼稚園教師

游寒冰（第十四、二十六章）

　學歷：台北市立師範學院幼教系

　現職：桃園縣聲暉口語班教師 D. I.教學工作室

李淳靖（第十六、十九章）

　學歷：台北市立師範學院幼教系

　現職：幼教老師

黃金鳳（第十七章）

　學歷：台北市立師範學院幼教系

　現職：幼稚園教師

陳秀麗（第二十章）

　學歷：台北市立師範學院幼教系

　現職：台北市強恕高中附設幼稚園教師

林乃方（第二十五、二十七章）

　學歷：台北市立師範學院幼教系

　現職：台北縣金山國小附設幼稚園教師

（作者按章節順序排列）

導讀

開啓幼兒音樂之窗

 音樂與胎兒反應

不論你信不信胎教，以下的研究分析，提供你另一個角度的參考：

英國倫敦聖喬治健康中心曾進行胎兒感官反應研究，發現古典音樂是最好的胎教音樂。巴赫、韋瓦第、韓德爾、莫札特等巴洛克式音樂，節奏大約在每分鐘六十至七十拍，接近人類休息時的心跳，可促進感覺神經和大腦皮質發展。這些胎兒出生後的聽覺靈敏，記憶力也比較強，對其智能開發有莫大助益。（何權峰《音樂的魔法》，迪揚，1998）

放輕鬆，讓我們愉快的欣賞音樂，就從這一刻起！

 音樂與幼兒學習

根據美國加州大學爾灣分校「學習和記憶神經生物學中心」實驗證實，三到四歲的幼兒，受八個月的音樂訓練，其拼圖測驗比沒受音樂訓練的幼兒高百分之八十。這些技能繼續發展，就成爲高深的數學和工程設計智能。而聆聽莫札特音樂（如D大調雙鋼琴奏鳴曲四四八

號）再接受智力測驗者，其成績高出百分之九。（*TIME EXPRESS,* **1999.8**）

德國康士坦次大學研究九位弦樂演奏家後，於九五年發表研究報告指出，這些演奏家腦中的體覺外皮質（即指法記號）的數量，比一般人多了許多。

不過，老師和家長們，可別把音樂學習當作幼兒智力開發的最終目的！視音樂爲我們生活的「最佳拍檔」吧！讓充滿情愫的音符充滿我們生活中的每一天每一刻！

 ## 音樂與幼兒腦力開發

《幼兒音樂入門》書中指出：「三歲通常是幼兒音樂教育一個重要劃分期，三歲以前以古典小品爲主，培養幼兒敏銳的直覺認知能力及記憶力；三歲以後，配合大腦的成長，除了簡短的音樂小品外，幼兒已能接受長篇、較複雜的音樂，以啓發腦力發展。」

本書爲幼兒選錄的古典音樂有小品、奏鳴曲、交響樂及歌劇等作品，藉由遊戲，循序引領幼兒走進優雅浩瀚的音樂世界，期待我們新生代頭好壯壯，創意高人一等！

 ## 音樂有心理治療的效果

世上第一個提出音樂和身心有關係的人，是藝術造詣相當高的希臘哲學家兼醫學家亞里斯多德。在遠古以農耕爲生活基礎的時代，巫

師常使用音樂進行儀式，並替病人治療疾病。《舊約聖經》也有段記載，據說保羅每次頭疼，大衛都會彈豎琴為他治療。到了基督教時代，音樂被視為與神交流的手段，在祈禱的場合一定有音樂演奏。

亞里斯多德則提出音樂的「淨化理論」。「淨化」有如排除身心不良物質，諸如人們的悲傷、憂鬱、沮喪、煩惱、憤怒情結，長久積聚於心，將對精神產生壞的影響，必須加以適當排解。音樂、戲劇、舞蹈或閱讀，均有「淨化」的功能。人們藉由觀賞悲劇、喜劇，聆賞音樂或高歌一曲，所有悲傷、憂鬱、沮喪、煩惱、憤怒情緒，都可隨著淚水、歡笑感動或激情，予以健康的抒發。每個人都有一座「心情水庫」，大人小孩都一樣，心情水庫需要「洩洪」，音樂正是心情水庫最最安全的建材之一；良好的「水庫建材」，才能涵養、宣洩各種情緒。

同時，亞里斯多德的淨化理論，也架構於音樂之上。藉由聆賞音樂，達到身、心、靈的平衡，維持身體的健康，甚至腦力的提升與潛能開發，因而有所謂「音樂治療」的研究。

「音樂治療」最早使用是在第二次世界大戰後的美國。當時並不是音樂家、心理學者、醫師在運用與推廣，而是因應軍人的需求而產生。戰爭時，醫院雖然能醫好軍人身上的傷痕，戰火無情的廝殺畫面、難以磨滅的砲火衝陣體驗，導致許多軍人紛紛罹患憂鬱症、失眠、精神分裂等心理疾病。為了解決此一病痛，軍人提出「音樂治療」的構想。當時許多音樂家得知此消息，紛紛共襄盛舉，全美各地寄至醫院的樂器不可勝數，音樂家也義務到醫院演奏。

現在，無數國家施行音樂治療，結合醫師、醫護人員、音樂人才，致力研究及實際採行音樂治療身心疾病的患者。例如一面播放古典樂曲，一面測量病患的血壓、脈搏、體溫、肌肉的緊張度、腦波的

資料，再佐以心理及藥物治療，結果大幅提高療效。病患和醫師都深蒙其利：病患縮短療程，醫師信心加倍！

本書所介紹的名曲，均藉由說故事的方式，讓幼兒了解名曲創作由來，拉進與作曲家的距離，再進一步聆賞各種器樂的聲音、特質。原來，打開音樂之窗並沒想像中那麼困難！

音樂給人夢想、希望和勇氣

你聽過這樣的話嗎？「莫札特的音樂對腸胃很有效。」「貝多芬的音樂對憂鬱症有助益。」「疲憊時，聽韋瓦第的四季可精神百倍。」……你相信嗎？恐怕沒這麼神奇吧？

不過在大學授課期間，個人曾搭配古典音樂，說一個親子故事給學生聽，觀察學生的反應，發現短短三分鐘，學生煩躁浮動的心，迅速地平靜下來，音樂結束，熱淚盈眶者時有所見。我藉機說了幾段古典音樂家的生平故事與名曲創作由來，從學生專注的眼神裡，我讀到期待與渴望，相信日後在生活中，他們再聽到這些曲目時，心靈深處的塵封音弦會受感動而激起優美的漣漪，就此為自己打開希望與朝氣的音樂之窗！

與父母座談時，有的家長攜帶年幼孩子列席，追趕、呼喚的場面經常失控，播放一曲古典音樂，請大朋友、小朋友一起聆賞，是什麼樂器、什麼家族在為大家演奏？通常是進入主題的最佳、最短、最受歡迎的「引言」！會後，無數家長留下來，儼然是一場熱烈的「會後會」。爸爸媽媽還想知道，還有什麼古典音樂適合親子共賞？如何共賞？「讓我們先從培養聆賞古典音樂的習慣開始吧！每一首都是好作

品，每一首都是個希望！只要你願意打開這扇音樂之窗，結交這位『音樂』朋友！」

再說兩個真實故事。故事發生在日本。一位年輕人想到無人跡的深山自殺。進了山間，隱約聽見遠處昏黃燈光的山野人家，傳來一陣美妙的音樂，他不自覺地走近，駐足聆聽。聽著聽著，他猛然驚醒：「我在這兒幹嘛？」「我應該勇敢地繼續活下去才對！」據說，當時這位年輕人聽到的樂曲是「莫札特的『單簧管協奏曲』。」

另有一位得了重病的老婆婆，躺在病床上，懇求醫師在臨終前，讓她聽聽她最想聽的曲子。醫師安慰她：「聽什麼曲子？別想這些，多想些讓身體好起來的方法，出院回了家，愛聽什麼，就可以聽什麼了。」不過，後來老婆婆在生命結束前，真的聽了自己最想聽的曲子——「貝多芬的『羅曼斯Ｆ大調』」。當醫師看到老婆婆去世的容顏時，大吃一驚，因為在她滿是皺紋的臉上，閃耀著如聖母瑪莉亞般美麗的光輝。（田中正道《心靈的邀約——音樂療法》，世茂，1996）

 ## 古典音樂對花草、家畜的助益

「讓乳牛聽音樂，牛奶產量增加百分之二。」「花房播放音樂，可促進植物生長，增加農作物收成量」等報導，時有所聞。在日本醫學博士、內科心理醫師監修的一本《音樂治療》的書籍中，曾指出：

「主控植物生育的碳酸同化作用，主要受日光、溫度、二氧化碳的濃度等三因素所左右。此外，氣體的交換雖在葉面進行，但葉面有毛、凹凸組織，會阻礙氣體的交換，因此，在花房幾乎無風的室內栽種植物時，音樂造成的葉面振動，就可促進碳酸同化作用，加速根部

吸收水分的速度。」

　　農林水產省畜產試驗場也曾做過讓牛聽音樂的實驗。結果乳汁確實增加百分之二至三。進行正式實驗時，飼料、數量、聽不聽音樂、時間長短等各種控制條件都非常必需且重要。

 音樂影響自律神經

　　「音樂首先會透過視床下部、大腦邊緣線，傳導至自律神經中心。而情緒、感情是由視床下部、大腦邊緣線所控制。……換句話說，對於我們所聽的音樂，不是經過『旋律、和聲所使用的樂器如何？』……」這樣的認識分析，才認為『嗯！這是一首好曲子』的。事實上，我們對於音樂的喜好，是直接『訴諸心理』，而非透過『知的行為』。」田中正道在《心靈的邀約——音樂療法》書中說。

　　可見聆賞音樂使自律神經得到放鬆與休息，足以紓解焦躁、不安、緊張的情緒。

 音樂創造人格

　　音樂本身就是一種心情寫照，作曲家在創作一首曲子時，或是抒發自己的情緒，或是受人所託，表達別人的感覺，或是傳述某種精神，都有其深遠的意涵；換句話說，在音樂中，可以找到人生的喜、怒、哀、樂。

　　許多人以為有容易緊張、不安性格的人，要聽節奏明快、會讓人

雀躍、開朗的曲風比較好。其實未必盡然。突然聽節奏明快的音樂，會讓緊繃的心緒更加不安定。因此，要聽和心情節奏相符合的音樂，給心足夠的緩衝，如節奏柔和、富感情的音樂最為合適。

以下是依音樂教案所列舉的音樂家及曲目，家長及老師可就其音樂性質及教案的延伸活動，與孩子做最最親密的交流：

❤聯繫親情的古典名曲

- 給愛麗絲……貝多芬
- 胡桃鉗……柴可夫斯基
- 彼得與狼……浦羅高菲夫
- 仲夏夜之夢……孟德爾頌

❤增進創意的古典名曲

- 波麗露……拉威爾
- 小狗圓舞曲……蕭邦

❤排除憂鬱的古典名曲

- 田園交響曲……貝多芬
- 藍色多瑙河……小約翰·史特勞斯
- 兒時情景……舒曼
- 小夜曲……莫札特

❤促進學習的古典名曲

- 命運交響曲……貝多芬
- 驚愕交響曲……海頓

♥平撫情緒的古典名曲

- 新世界交響曲……德佛札克

♥消除疲勞的古典名曲

- 四季……韋瓦第

♥香甜入夢的古典名曲

- 搖籃曲……舒伯特
- 月光奏鳴曲……貝多芬

♥古典歌劇綜合篇

- 聖誕神劇……巴赫
- 尼貝龍根的指環……華格納
- 火鳥……史特拉汶斯基
- 卡門……比才

 ## 讓古典音樂走進我們的生活中

　　我們邀集國內資深幼教園長、主任、老師，共同研究《名曲教學與遊戲——古典音樂教案》，選擇著名古典音樂家的代表作品，透過活潑有趣又生活化的教案設計，落實於教學情境中，讓幼教老師陪伴幼兒走進古典音樂殿堂。

　　《名曲教學與遊戲——古典音樂教案》共分四大項目，教學目標、

引導方式、教案內容以及音樂家生平故事簡介。期待各學校、園所在推廣與落實古典音樂教學時，不會因城鄉差距而有音樂品質上的落差，或音樂片選購上的困難。在設計教案時，我們也以適合兒童聆賞的曲風為主；教學教法上，採開放式自由設計，有主題教學、角落教學或綜合教學等彈性設計，不論家長或老師都能從本書各類設計方法中，取得適合自己和兒童最佳的互動與學習方式。

台北市立師院幼教系　吳淑玲謹誌於台北
二〇〇〇年春天

古典音樂家原文名及國別

音　樂　家	原　文　名	生　卒　年	國　別
韋瓦第	VIVALDI	1678-1741	義大利
巴赫	BACH	1685-1750	德國
韓德爾	HANDEL	1685-1759	德國
海頓	HAYDN	1732-1809	奧地利
莫札特	MOZART	1756-1791	奧地利
貝多芬	BEETHOVEN	1770-1827	德國
舒伯特	SCHUBERT	1797-1828	奧地利
孟德爾頌	MENDELSSOHN	1809-1847	德國
舒曼	SCHUMANN	1810-1856	德國
蕭邦	CHOPIN	1810-1849	波蘭
華格納	WAGNER	1813-1883	德國
小約翰・史特勞斯	STRAUSS	1825-1899	奧地利
福斯特	FOSTER	1826-1864	美國
布拉姆斯	BRAHMS	1833-1897	德國
聖桑	SAINT-SAENS	1835-1921	法國
比才	BIZET	1838-1875	法國
柴可夫斯基	TCHAIKOVSKY	1840-1893	俄國
德佛札克	DVORAK	1841-1904	捷克
蒲契尼	PUCCINI	1858-1924	義大利
德布西	DEBUSSY	1862-1918	法國
拉威爾	RAVEL	1875-1937	法國
史特拉汶斯基	STRAVINSKY	1882-1971	俄國
浦羅高菲夫	PROKOFIEV	1891-1953	俄國

「名曲教學與遊戲：古典音樂教案」
目　錄

作者簡介

導讀：開啓幼兒音樂之窗

古典音樂家原文名及國別

後記

浪漫主義詩曲之王

舒伯特

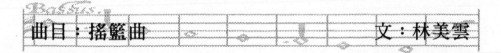

曲目：搖籃曲　　　　　　　　　　文：林美雲

一、教學目標

㈠透過活動參與，增進音感練習的效果。

㈡了解音樂家的小故事。

㈢學習照顧小孩，體驗父母的辛勞。

㈣具有欣賞音樂的能力及藝術情操。

二、教學引導

㈠欣賞舒伯特「搖籃曲」錄音帶或CD。

㈡觀賞各種常見的樂器圖片或操作樂器。

㈢討論、發表媽媽唱過的「搖籃曲」。

㈣比較中西各式搖籃曲的異同。

三、教學設計與內容

㈠引起動機

1. 參觀樂器行。

2. 請幼兒收集各種「搖籃曲」音樂帶、兒歌……等。

3. 請幼兒回家問媽媽小時候常為他唱的「搖籃曲」。

㈡討論發表

1. 欣賞莫札特、舒伯特、布拉姆斯「搖籃曲」的錄音帶或 CD 後，比較音樂的異同。

2. 發表或哼出媽媽或爸爸為我唱的「搖籃曲」。

3. 介紹舒伯特音樂家的故事。

4. 發表參觀樂器行的心得，並拍出樂器的種類、名稱。

㈢展示中國樂器及西洋樂器的圖片及樂器

㈣語文

1. 兒歌：「搖囝仔歌」、「搖籃歌」。

2. 童謠：「紫竹調」。

㈤數字遊戲

1. 五線譜之認識。

2.兒歌趣味創作，例如搖籃曲「一暝大一寸」。可以依次類推，或一問一答，多種設計，可以和幼兒一起討論。

㈥音樂

1. 教唱「搖籃曲」。
2. 用說白節奏唱「搖籃曲」，比較演唱和說白之異同。
3. 模仿聆聽音樂的神情。
4. 模仿演唱或演奏的姿勢（模仿電視歌手或音樂家演奏姿態）。
5. 音階遊戲（在地上畫五線譜，讓幼兒抽卡跳格子）。
6. 小樂隊演奏（配合童謠，兒歌敲擊克難樂器或樂器）。
7. 靜息主題曲（午休、團體討論前，可播放「搖籃曲」）。

㈦工作

1. 畫媽媽推著搖籃，哼唱「搖籃曲」的神情。
2. 雕塑搖籃、媽媽、小孩。
3. 自製克難樂器。
4. 立體工：搖籃。

㈧建構

用積木、樂高玩具、紙箱……等組合搖籃。

㈨扮演

自製結繩搖籃，上面躺著假娃娃，讓幼兒扮演媽媽，哼唱著搖籃曲，手擺盪著搖籃。

㈩綜合活動

1. 用長布條或床單，分兩隊，三人一組（一個躺在床單上面，兩人合力抬著走），兩隊人數相同，先輪完獲勝奪標（可以在終點插旗子）。
2. 老師要特別注意幼兒安全，躺在上面的幼兒要選體重較輕，抬著走的幼兒要選有力者。

㈩教學延伸

把「搖籃曲」編入每天靜息、午休的主題曲。

四、作曲家簡介

西元一七九七年，德國誕生了一位大音樂家。這位音樂家名叫舒伯特。

舒伯特是奧地利浪漫主義的代表人物，生於維也納近郊的一個教師家庭。八歲開始隨父親學習提琴與鋼琴，十一歲成為神學院兒童合唱團的歌童。在這裡他不僅學到唱歌和作曲的理論，還擔任管弦樂隊的指揮，為自己以後的音樂創作打下基礎。

舒伯特長於作曲，雖然只活了三十一歲，但十七年的創作時間，卻把德國歌曲的形式發揮到今天尚無人能夠超越的地步。他所做的歌曲、鋼琴曲、交響樂、歌劇，合起來一千多首，其中唱歌曲目有六百首以上。每一首歌曲多樣化，充滿想像力，感情以及美麗的旋律，使歌曲一變而為藝術作品，曲式雖然小巧，但內涵卻無限寬廣，因此大

家尊稱他為「歌曲之王」。

舒伯特著名的歌曲有「搖籃曲」、「小夜曲」、「野玫瑰」、「魔王」以及「聲樂套曲」（「美麗的磨坊少女」）等。

才華洋溢的舒伯特，一生沒沒無聞，窮途潦倒，終生未娶。不過他的朋友很多，在物質上支援他，在精神上也互相勉勵。他的一位好朋友梅爾就曾這樣描述過他：「我們彼此調適，互相容忍，同時也修正彼此的許多稜角，進而發展為彼此能互相欣賞對方，和平共處。」

舒伯特的音樂抒情即興而非戲劇性，所以十六部歌劇皆以失敗收場。

海都爵士在《牛津音樂史》中批評舒伯特說：就樂思體裁的明晰而言，他不如莫札特；就音樂建構能力方面而言，他遠遜於貝多芬；但就「詩意」表現力及暗示力而言，卻是前二者所不及的。

海都爵士真是一語道破舒伯特的特色與獨特風格啊！

生前境遇落寞，死後才享有樂壇「歌曲之王」榮譽的舒伯特，於西元一八二八年十一月十九日死於維也納。哥哥遵照其遺囑，將他葬在貝多芬的墓旁，讓他得以長伴一代樂聖。墓碑上刻有：此處埋葬著豐富的音樂資源，美好的希望永存人間。

五、參考書目

1. 吳倩怡（民 86 年），音樂萬歲，台北市：格林文化。
2. 吳淑玲（民 86 年），幼兒詩詞教案設計，台北市：新苗文化。
3. 顏炳耀、蔡宗德（民 77 年），音樂的故事，台北市：華一。
4. 陳秋松（民 84/85 年），中國少年兒童百科全書，嘉義市：明山。

5. 賈馥茗等 32 人（民 78 年），中華兒童大百科全書，台北市：台灣省政府教育廳。

6. Chris、Craker、洪妤靜（民 82 年），進入古典音樂的世界，台北市：遠流。

7. 金裕衆，戴逸如（民 76 年），中外童話音樂欣賞，台北市：丹青圖書。

8. 林朱彥（民 86 年），上一個不一樣的音樂課，台北市：師大書苑。

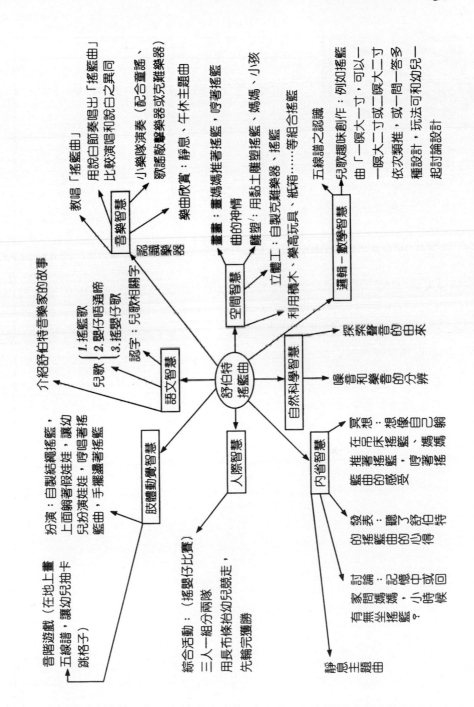

您也可以自己製作主題網！

充滿吉普賽風味

布拉姆斯

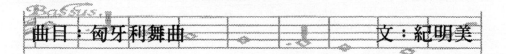

曲目：匈牙利舞曲　　　　　　　　　　文：紀明美

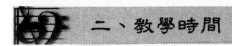

一、教學目標

㈠透過活動了解布拉姆斯的生平事蹟。

㈡培養幼兒音樂的素養和想像的空間。

㈢讓幼兒在生活中能融入音樂，顯現美好人生的體驗。

㈣能嘗試多元的角色表演，分享彼此的喜悅。

二、教學時間

週六團體活動時間或是角落時間。

三、教學引導

㈠將「第五號匈牙利舞曲」在每日的角落探討時間或自由活動中的時間播放。

㈡由布拉姆斯像引起動機。

㈢舉辦才藝發表會，從舊經驗進入探討。

㈣事前通知家長參與協助資料收集。

四、教學設計與內容

㈠透過欣賞布拉姆斯的錄影帶、CD，來了解布氏的創作歷程。

㈡從情境中去探索「第五號匈牙利舞曲」的特色？用哪些樂器演奏的？

　（在充滿熱情的吉普賽音樂節奏裡，輕快的旋律和淡淡的哀愁是舞曲的特色。）

　1. 欣賞卡通影片，了解吉普賽人的民族性。

　　（影片──「鐘樓怪人」。）

　2. 欣賞演奏時，聽眾應有何種禮貌？

　　（不可發出怪聲、喧嘩或中途離席，和不經允許的攝影。）

㈢布景情境，角落學習。

　1. 布告欄：

　　⑴「布拉姆斯」的簡介。

　　⑵張貼交響樂團的組合、排列等資料和圖片。

2.教室：

張貼收集同時期的音樂家資料，分析各大音樂家的代表作品（舒曼、威爾第、華格納、蕭邦、李斯特、柴可夫斯基、德佛札克、馬勒）。

3.語文角：

⑴圖畫書欣賞——音樂家叢書系列。

⑵認識音符家族——全音符、二分音符……。

⑶自製音符——學習創作歌曲。

⑷兒歌——「小錫兵」（自創）。

小小錫兵　真有趣。

戴起軍帽　廣場集聚。

排起隊來　最守秩序。

小小錫兵　歌聲亮。

有槍有砲　有兵有將。

挺起胸膛　努力打仗。

⑸故事：布拉姆斯的一生。

4.美勞角：

⑴仿畫——歐洲宮廷的建築物、人物、景色。

⑵黏土——捏塑小錫兵。

5.戲劇角：

⑴變裝秀（老師提供耳環、項鍊、頭巾……等，讓孩子發揮想像力自由搭配），舞台布畫配合。

⑵以「匈牙利舞曲」為配樂，師生共編一段舞步。

6.音樂角：

⑴音樂欣賞——「匈牙利舞曲」、「第一號交響曲」、「德意志

進行曲」、「搖籃曲」……。

(2)聽音遊戲——從樂曲中找出是何種樂器所演奏的（如主曲的小提琴）。

7.積木角：

仿照歐洲建築物搭建。

㈣作品分享和意見交流。

五、作曲家簡介

在一八三三年，德國漢堡誕生了一個偉大的作曲家——布拉姆斯。布拉姆斯小時候生活雖然貧困，但童年是快樂的，常常把愛玩的木偶小錫兵，排列得像閱兵式的整齊。布拉姆斯在父親是個提琴師的影響下，七歲開始學琴，十歲就能完整地彈奏貝多芬、莫札特的曲子。十三歲時為了分攤家計，到低俗的酒吧表演，不受環境影響，堅持演奏名曲和自己改編的作品。由於他的才華受人賞識，被聘請教琴和指揮當地的合唱團，那段時光，布拉姆斯享受著寬闊的鄉間生活和閱讀的樂趣，這些都是影響布拉姆斯日後創作作品的模式。

當布拉姆斯在酒吧演奏時，有人建議他到美國巡迴演奏，卻遭老師極力反對，反要他接受馬克森老師指導。二十歲時，布拉姆斯認識名作曲家——舒曼夫婦，才華受舒曼的肯定，極力推薦給音樂界的朋友，而將布拉姆斯的音樂生涯推向顛峰。當恩師舒曼病逝之際，布拉姆斯正想創作作品來紀念他時，心中最愛的母親也過世了，那種失親之痛，讓布拉姆斯把那份憂傷投入了「安魂曲」的創作。

布拉姆斯偏好吉普賽風格的民歌，其「匈牙利舞曲」的第五號是

最著名的一首，曲中表露出吉普賽音樂的輕快，卻有些哀傷的旋律，使這首曲子受到世人的肯定。「搖籃曲」是布拉姆斯為了慶賀好友喜獲麟兒所創作的。這首優美的華爾滋曲子，在鋼琴聲輕柔的搖盪中像是在母親環抱中的溫馨、幸福。布拉姆斯雖有成就，但還是過著簡樸的生活。他嚴謹的個性締造創作歌曲上的完美，「第一號交響曲」幾乎用了二十年的時間才完成。

布拉姆斯終生未娶，把感情投入在歌曲創作上。他是一個充滿了浪漫卻用古典主義方式表達的人，造成他孤獨一生。在五十六歲的時候，榮獲奧皇頒授勳章，及故鄉漢堡贈與「榮譽市民權」。一八九七年四月三日病逝於維也納家中，享年六十四歲，葬在維也納中央墓園，和偉大的音樂家貝多芬、舒伯特為鄰。布拉姆斯一生共創作了三百八十多首曲子，他在音樂上的成就可和巴赫、貝多芬齊頭並論。

六、參考資料

1. 聯廣編輯室（民 73 年），兒童音樂圖書館，台北市：聯廣圖書。
2. 莊瑞五、Chuang、Jei-yu（民 72 年），布拉姆斯藝術歌曲研發，台北市：樂韻。
3. 光復書局編輯部（民 86 年），經典音樂家列傳，台北市：光復書局。
4. 唯翔文化事業公司（民 81 年），音樂大師說故事。台北市：唯翔文化。
5. Neil Ardley 著，陳蕙慧譯（民 84 年），打開音樂之門，台北市：台灣麥克。

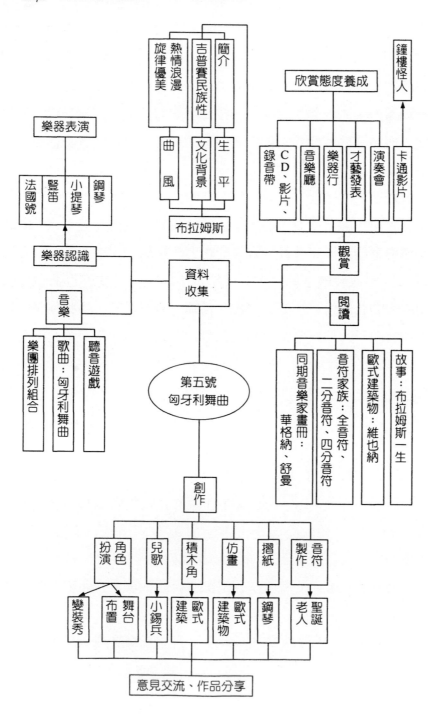

您也可以自己製作主題網！

浪漫交響樂家
孟德爾頌

曲目：結婚進行曲　　　　　　　　文：廖冠琳

一、教學目標

㈠透過活動的參與，體驗曲子（孟德爾頌《仲夏夜之夢》的「結婚進行曲」）的感覺。

㈡欣賞曲子（孟德爾頌《仲夏夜之夢》的「結婚進行曲」）的旋律及樂器。

㈢了解結婚的意義及過程。

㈣明白家庭的組成功能。

二、教學引導

㈠請幼生帶父母的結婚照來學校，可貼於教室內布告欄或娃娃家等處。

㈡尋求家長支援提供結婚錄影帶。

㈢尋求家長支援提供不同國家之新郎、新娘娃娃。

三、教學設計與內容

㈠講述故事：

　　1.作曲家孟德爾頌的故事（請參考作者介紹，以孟德爾頌的成長背景、以圖片串連故事方便教案進行）。

　　2.《仲夏夜之夢》的故事。

㈡看幼生家長結婚的錄影帶或照片。

㈢音樂角：

　　1.孟德爾頌之「結婚進行曲」。

　　2.華格納之「結婚進行曲」。

　　圖書角：

　　1.有關結婚或家庭的故事書。

　　2.閱讀莎士比亞的《仲夏夜之夢》。

　　3.閱讀理科出版的《第一個發現37冊——衣服》。

　　娃娃角：

　　1.新郎、新娘的服裝，道具以及家中的布置。

　　2.中西式不同的結婚情境布置。

　　美勞角：

　　1.畫新郎、新娘（給予各國不同結婚的服裝圖片參考，例如：中、日、韓、美、印、台灣原住民）。

　　2.認識各國國旗。

㈣經驗分享：

　　1.請幼兒說出聽「結婚進行曲」的感覺。

2. 幼兒分享參加喜宴的情景。

   3. 幼兒發表並介紹父母的結婚照。

㈤角色扮演：

  新郎、新娘結婚（全校舉辦結婚典禮，時間可排在週末，由幼生來扮演各種角色）。

㈥繪畫：播放結婚進行曲，請幼兒畫新郎和新娘。

㈦參觀婚紗館、教堂（若能預知當天有婚禮進行為最佳）。

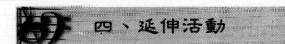

四、延伸活動

㈠歌唱大接龍（分五人一組比賽，唱過之歌曲不可再唱）。

㈡各國新郎、新娘與國旗的配對，例如：分小組進行，每組發七張新郎、新娘的圖片，老師拿日本的新郎、新娘，幼生則馬上拿日本的國旗，得分最高者贏。

㈢名畫分享：

   1. 盧梭──婚禮。

   2. 畢卡索──三個婚禮。

   3. 夏卡爾──仲夏夜之夢圖畫。

五、作曲家簡介及創作緣由

    孟德爾頌（Mendelssohn Felix）一八〇九年二月三日出生於漢堡，一八四七年十一月四日逝世於萊比錫，名字中Felix所含「幸福」之意

就是孟德爾頌一生的寫照。他是德國漢堡一位富有的銀行家之子，生活一無所缺，一輩子快活又幸福。

　　孟德爾頌和家中成員們都很喜歡音樂，孟家每逢週日早晨都會舉行音樂會，捧場的賓客中莫不是歐洲學術界與社交圈的名流巨閥。在孟德爾頌九歲時，已參加公開的鋼琴演奏，十五歲之前，就作過歌劇、協奏曲、室內樂等曲子。

　　在孟德爾頌十七歲時，有一天他和姊姊芬妮一起讀了莎士比亞的戲劇《仲夏夜之夢》後，對於這個充滿幻想和夢的戲劇，非常感動，於是孟德爾頌就將之寫成音樂，這就是《仲夏夜之夢》的序曲。這一首有夢幻般意境的浪漫交響樂，帶給孟德爾頌赫赫生輝的聲譽，直到如今仍是世界聞名的不朽之作。

　　一八二三年的聖誕節，孟德爾頌拿到了一份珍貴的手稿，是百年前巴赫所作的「馬太受難曲」，這個手稿樂譜的出現對孟德爾頌的生命而言關係重大，他鑽研「馬太受難曲」，使之成為他生活的重心。二十歲的孟德爾頌在柏林指揮樂團演出，成績斐然，並使世人了解到巴赫的偉大，這天正是「馬太受難曲」初演後一百年。

　　一八二九年，孟德爾頌首次巡迴英國演出，他指揮演出自己所寫的c小調交響曲，而且在倫敦演出貝多芬「皇帝」協奏曲的獨奏部分。有一日和好友到蘇格蘭遊玩時，在芬格爾山洞中聽到海浪拍打岩洞的聲音，而感到震撼，於是就寫下「芬格爾山洞」。

　　一八三六年的春天，孟德爾頌應邀到法蘭克福，由於他的好友生病，他被委託前往代理音樂協會的指揮，這次的旅行很巧合地讓孟德爾頌認識一位女孩賽西兒，也就是後來的孟德爾頌夫人。孟德爾頌和賽西兒的愛情，使他成為幸福的人，於是他寫了降 A 大調二重奏曲「無言歌」，曲中表現了他對賽西兒的濃情蜜意，實在是為他的愛人

所寫的一首情歌。

一八四六年孟德爾頌在英國伯明罕發表他的神劇《以利亞》。當時在英國開始有人以孟德爾頌爲《仲夏夜之夢》所作的「結婚進行曲」，做爲婚禮的配樂，尤其是一八五八年，王者的婚禮也以此爲配樂，一時蔚爲風潮。

一八四七年五月，孟德爾頌在法蘭克福接到親愛的姊姊猝死的噩耗，和姊姊一向感情很好的孟德爾頌，聽到這個消息，自己也不幸中風了，而且一直沒有好起來，他在一八四七年十一月四日與世長辭，享年三十八歲。

孟德爾頌的創作極多，學生時代的作品即有四十四編號及著名的兩首神劇《聖保羅》、《以利亞》。特別令人喜愛的是「無言歌」，這是孟德爾頌的代表作，其風格對英、德兩國的浪漫派作曲家有著深長的影響。孟德爾頌在音樂史上重要的貢獻就是演出音樂之父巴赫的「馬太受難曲」，憑他對音樂透徹的詮釋與指揮才能，使聽眾領悟巴赫的卓越偉大，孟德爾頌推動古典音樂之功實在不可湮沒。

六、參考書目

1. 陳石嗣芬著（民 72 年），歷代名作曲家介紹，台北：中國文化大學。
2. 武川寬海著，林道聲譯（民 76 年），大音樂家小故事，台北市：全音樂譜。
3. 洪萬隆主編（民 83 年），黎明音樂辭典，台北市：黎明文化。
4. Mozelle Mushansky 著（民 84 年），偉大作曲家群像──孟德爾頌，台北市：智庫文化。

5.偉文編輯部（民 70 年），音樂家軼事，台北：偉文。

6. Harold C. Schonberg 著，陳琳琳譯（民 75），浪漫樂派，台北市：自華。

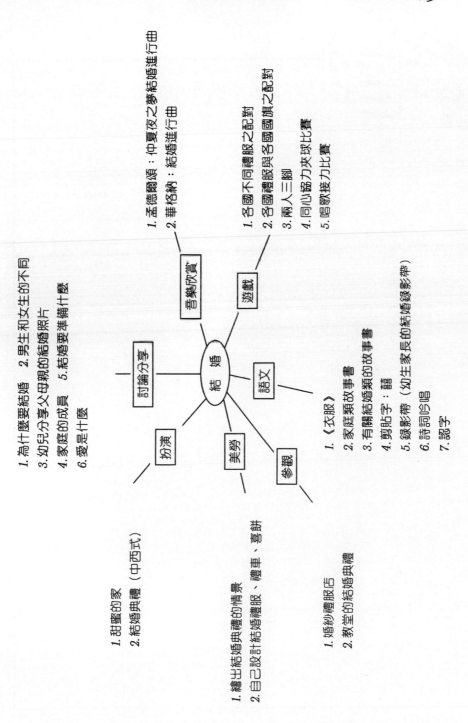

1.為什麼要結婚　2.男生和女生的不同
3.幼兒分享父母親的結婚照片
4.家庭的成員　5.結婚要準備什麼
6.愛是什麼

討論分享

1.甜蜜的家
2.結婚典禮（中西式）

扮演

1.繪出結婚典禮的情景
2.自己設計結婚禮服、禮車、喜餅

美勞

1.婚紗禮服店
2.教堂的結婚典禮

參觀

結　婚

音樂欣賞

1.孟德爾頌：仲夏夜之夢結婚進行曲
2.華格納：結婚進行曲

遊戲

1.各國不同禮服之配對
2.各國禮服與各國國旗之配對
3.兩人三腳
4.同心協力夾球比賽
5.唱歌接力比賽

語文

1.《衣服》
2.家庭類故事書
3.有關結婚類的故事書
4.剪貼字：囍
5.錄影帶（幼生家長的結婚錄影帶）
6.詩詞吟唱
7.認字

您也可以自己製作主題網！

圓舞曲之王

小約翰・史特勞斯㈠

曲目：藍色多瑙河　　　　　　　　　文：簡慧錦

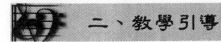

一、教學目標

㈠能安靜聆聽樂曲。

㈡知道「藍色多瑙河」樂曲的創作緣由。

㈢認識「藍色多瑙河」樂曲的作者：小約翰・史特勞斯。

㈣會跳圓舞曲。

㈤培養音樂欣賞能力。

㈥增進團體合作的精神。

二、教學引導

㈠情境布置：

　　準備小約翰・史特勞斯圖像、法國號圖片、維也納圖片、多瑙河圖片、圓舞曲圖片……等供幼兒觀賞。

㈡教學時間：

　　1. 於每天用餐、休息時間播放「藍色多瑙河」樂曲，讓幼兒熟悉樂
　　　　曲。

　　2. 主要教學時間以一天為原則。

　　3. 可於星期六辦圓舞曲舞會。

㈢引起動機：

　　以偶劇演示「藍色多瑙河」樂曲的創作緣由。

 ## 三、教學設計與內容

㈠讓幼兒反覆聆聽「藍色多瑙河」樂曲，熟悉「藍色多瑙河」樂曲，
　　並學會辨別此曲前奏（法國號）的樂音。

㈡偶劇：演出「藍色多瑙河」樂曲創作緣由。

㈢圖片簡述介紹：

　　1. 作者：小約翰‧史特勞斯。

　　2. 樂器：法國號。

　　3. 創作地點：維也納。

　　4. 創作主題：多瑙河。

　　5. 其他：圓舞曲。

㈣拼圖：分組拼圖比賽，將幼兒分成小約翰‧史特勞斯、法國號、維
　　也納、多瑙河、圓舞曲五組，參照簡介圖片，以最快完成組別為優
　　勝。

㈤工作：聽「藍色多瑙河」音樂畫藍色多瑙河。

㈥團體活動：教跳圓舞曲，並於星期六辦圓舞曲舞會，請幼兒於舞會

當日，男生穿白襯衫打紅色領結，女生穿洋裝。

四、作曲家簡介及創作緣由

㈠作曲家簡介

　　大概相當於我國清朝道光年間，在奧地利有個非常出名的音樂家族，爸爸老約翰・史特勞斯十五歲就開始在舞廳的管弦樂團演奏小提琴，之後與另一個小提琴師蘭納共同創作了舉世喜愛的圓舞曲，並自組管弦樂團，到德、法、英等各地去演出，他的作品形式多樣，其中以「拉德茨基進行曲」最有名，每年的維也納新年音樂會上，總少不了這首曲子。

　　小約翰・史特勞斯出生於西元一八二五年，他的爸爸老約翰・史特勞斯卻不希望他也走上音樂的路，而希望他能去銀行工作。然而遺傳有音樂細胞的小約翰・史特勞斯，在母親的支持下學習小提琴及作曲，於十九歲時就自組樂團，並在維也納的多邁爾酒店作首次演出，更於四十二歲時（西元一八六七年）為了激勵奧國人心，而創作了最著名的「藍色多瑙河」圓舞曲，他的作品相當豐富，另外如「維也納森林的故事」、「皇帝圓舞曲」、「撥奏波卡舞曲」、「春之聲圓舞曲」……等等，都是人們耳熟能詳且廣受喜愛的曲目。

　　老約翰・史特勞斯還有二個兒子，次子約瑟夫・史特勞斯、三子愛德華・史特勞斯，在當時的維也納樂壇也是名氣響亮的指揮家，「撥奏波卡舞曲」便是約瑟夫・史特勞斯與小約翰・史特勞斯在俄國演出期間所共同創作的。

史特勞斯家族幾乎與圓舞曲畫上等號，老約翰‧史特勞斯創作了它而有「圓舞曲之父」的稱號，小約翰‧史特勞斯將之發揚光大，創作了有四百多首的圓舞曲，被譽為「圓舞曲之王」。在維也納市立公園內有小約翰‧史特勞斯的塑像，到維也納旅遊的觀光客，一定會到此拍照留念，才不虛此行。

㈡創作緣由

「藍色多瑙河」圓舞曲，曲名的由來據說是根據詩人卡爾‧貝克（Karl Beck）的詩篇〈美麗的藍色多瑙河畔〉而來的。

西元一八六六年普奧戰爭，奧軍節節敗退，奧地利的人們自此意志消沉，陷入一片悲傷與不安的氣氛中。為了激發民心、提振士氣，維也納男聲合唱協會於西元一八六七年委託小約翰‧史特勞斯作了此首曲子，本曲最初是一合唱曲，初演時並不太受注目，後來小約翰‧史特勞斯將其改編為管弦樂曲，在巴黎世界博覽會中演奏，立刻造成轟動，從此聞名於世。到現在「藍色多瑙河」圓舞曲已是家喻戶曉的一首名曲，更被奧地利人視為該國的第二首國歌。

「藍色多瑙河」圓舞曲，全首除序奏、尾奏外，共分為五段來描寫多瑙河沿岸不同的風光景致。本首樂曲很特別的是由法國號（註一）吹奏作引導，再慢慢轉成歡樂優雅的圓舞曲（註二）。

註一：法國號，銅管樂器，高音聽來覺得嘈雜，低音又覺得嚴肅，但是在中音區則表現出溫和、豐富的聲音。

註二：圓舞曲，又稱華爾滋舞曲，起源於奧地利北部民間的蘭特勒舞曲，在十九世紀流行於歐洲舞廳的輕快三拍子舞蹈。

五、參考書目

1. 尹宏明編輯企劃（民 87 年），世界偉大的音樂家之音樂知識小百科，台北：啓思。

2. 任明芬企劃統籌（民 86 年），兒童成長古典——我家也有音樂家 ⑼：約翰・史特勞斯（CD）。台北：滾石。

3. 光復書局編輯部（民 86 年），經典音樂家列傳，台北市：光復書局。

4. 聯廣編輯室（民 88 年），兒童音樂圖書館，台北市：聯廣圖書。

5. Neil Ardley 著，陳蕙慧譯（民 84 年），打開音樂之門，台北市：台灣麥克。

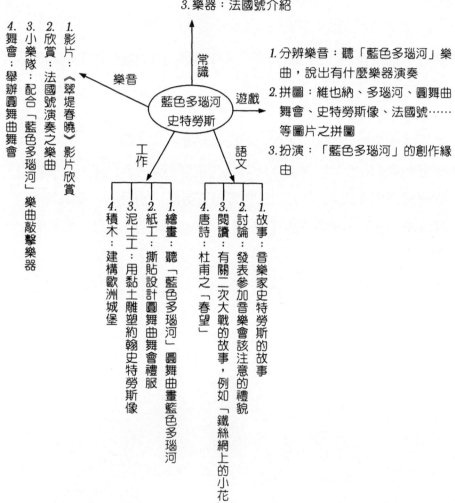

1. 圖片：維也納、多瑙河之地理位置，屬於哪一國
2. 什麼是圓舞曲，起源、跳法……
3. 樂器：法國號介紹

常識

樂音

藍色多瑙河
史特勞斯

遊戲

工作

語文

1. 分辨樂音：聽「藍色多瑙河」樂曲，說出有什麼樂器演奏
2. 拼圖：維也納、多瑙河、圓舞曲舞會、史特勞斯像、法國號……等圖片之拼圖
3. 扮演：「藍色多瑙河」的創作緣由

4. 舞會：舉辦圓舞曲舞會
3. 小樂隊：配合「藍色多瑙河」樂曲敲擊樂器
2. 欣賞：法國號演奏之樂曲
1. 影片：《翠堤春曉》影片欣賞

4. 積木：建構歐洲城堡
3. 泥土工：用黏土雕塑約翰史特勞斯像
2. 紙工：撕貼設計圓舞曲舞會禮服
1. 繪畫：聽「藍色多瑙河」圓舞曲畫藍色多瑙河

4. 唐詩：杜甫之「春望」
3. 閱讀：有關二次大戰的故事，例如「鐵絲網上的小花」
2. 討論：發表參加音樂會該注意的禮貌
1. 故事：音樂家史特勞斯的故事

您也可以自己製作主題網！

圓舞曲之王
小約翰‧史特勞斯㈡

曲目：蝙蝠序曲　　　　　　　　文：陳怡靜

一、曲目介紹──輕歌劇《蝙蝠》序曲

「輕歌劇」比一般的歌劇短，也較為輕鬆，因此常常被忽略。小約翰‧史特勞斯在將近五十歲的時候，完成了這個作品，其中有許多圓舞曲和波卡舞曲，優美且動聽，這也是一部很有趣的戀愛喜劇，結構完整又緊湊，可說是輕歌劇的傑作。

這齣劇的故事是發生在奧國，有一位福克博士，打扮成蝙蝠的模樣，去參加化裝舞會，因為喝醉酒睡著了，被朋友艾森斯坦惡作劇，將他從馬車上放到大馬路；第二天早上，人們爭著去看蝙蝠打扮的福克博士，並且把這件事當作笑話來談論，福克博士因此就對艾森斯坦存有報復的心意。後來，艾森斯坦因為犯罪被判了刑，在坐牢的前一天，福克博士邀請他參加一場舞會。艾森斯坦出去後，警長到他家來進行拘捕，正巧遇見他的夫人羅莎琳從前的男朋友，警長誤認羅莎林的男友是艾森斯坦，便將他逮捕。而在舞會中，艾森斯坦卻對一位戴著面具的匈牙利伯爵夫人一見鍾情，並聽從伯爵夫人的話，在舞會結

束後送給她一隻金錶作爲紀念。

第二天，當艾森斯坦知道羅莎琳和前男友約會，正要怒罵羅莎琳的時候，羅莎琳拿出了一隻金錶，原來那位戴著面具的伯爵夫人就是他的妻子。（而這一切從獄長誤捉羅莎琳男友到羅莎琳假扮匈牙利伯爵夫人並取得金錶，一連串的事件都是福克博士精心設計的報復手段。）

「序曲」這個名詞是來自於法語的「開場」。十七世紀時，序曲只是歌劇或芭蕾舞劇、神劇等劇的開場小曲。然而，對作曲家而言，序曲往往比歌劇本身更有表現的機會，因爲歌劇音樂常常受到情節的嚴格限制，作曲家們無法發揮其創作才華。於是他們試圖把大量的音樂創意放入序曲中，可是觀眾並沒有很注意序曲音樂，因此這時的序曲音樂仍屬於配角地位。

當然，序曲是爲了之後的演出作預備，但也有不同作法，如小約翰·史特勞斯的「蝙蝠」序曲，是劇中動聽的旋律串聯起來的雜曲式序曲，聽起來很熟悉，因爲時常在管絃樂演奏上單獨演奏。從活潑的快板，管絃樂精采的總奏開始，變成稍快板，用雙簧管吹出優美的旋律。接著又出現和開頭相同型態，在緩板上奏出第二幕終曲的六響鐘聲後，在稍快板上有新旋律登場，再轉到小提琴溫柔的聲音。之後又變成圓舞曲，再變成快板波卡舞曲，此後前面的各個旋律，分別作出若干變化又再度出現，圓舞曲裝飾得更加華麗，在中庸快板處變得格外熱鬧，在尾奏處更加生龍活虎，最後猛烈結束這段序曲（邵義強，民 84）。

二、教學目標

㈠培養幼兒注意傾聽的能力。

㈡培養幼兒語言表達的溝通能力。

㈢培養幼兒對表演的興趣。

㈣促進幼兒人際關係的發展。

㈤發展幼兒認識音樂特質的能力（雙簧管、分辨圓舞曲及波卡舞曲特色）。

㈥培養幼兒創造的能力。

三、教學引導

㈠介紹約翰・史特勞斯及《蝙蝠》輕歌劇的故事。

㈡準備蝙蝠圖片及電影、卡通蝙蝠俠劇照。

㈢討論舉辦化裝舞會須準備哪些東西。

㈣準備《翠堤春曉》影片，介紹作曲家生平逸事。

四、教學設計與內容

活動一

1. 展示蝙蝠俠劇照或圖片。
2. 講述故事：歌劇「蝙蝠」的故事。
3. 討論故事情節或角色扮演。
4. 音樂欣賞：撥放「蝙蝠」歌劇影片精采片段讓幼兒欣賞。
5. 「我說你唱」：小朋友唸一段話，老師用唱的；再換小朋友唱；再演變成以唱的形式問答。

活動二

1. 介紹作曲家約翰史特勞斯生平事蹟。
2. 音樂欣賞：撥放「蝙蝠」之序曲音樂，請幼兒安靜聆聽，之後請幼兒分享心得。
3. 介紹序曲中出現的樂器如：雙簧管。
4. 介紹圓舞曲、波卡舞曲，另選出幾首有名的舞曲來欣賞，例如：「皇帝圓舞曲」「春之圓舞曲」……。

活動三

1. 遊戲：「猜猜我是誰」。請一位幼兒戴上面具，讓大家猜猜她是誰？
2. 討論舞曲之功用，舞會的形式？是否參加過舞會？舉辦或參加舞會應準備什麼東西？

3. 化裝舞會：請大家裝扮好，並想好一個化名，假裝大家都不認識，撥放音樂，兩人一組聞樂起舞。舞會結束後，讓大家說一說他剛才和哪些人跳了舞，還有他是如何邀請別人一起跳舞。

角落學習

1. 語文角：維也納風景、蝙蝠及有關約翰史特勞斯、舞會、樂器的書及圖片。
2. 娃娃家：請家長捐獻家中不要的舊衣裙、高跟鞋或領帶，讓幼兒自行打扮，開辦舞會，有人彈琴，有人跳舞。
3. 工作角：製作海報，邀請卡，化裝舞會面具。
4. 益智角：蝙蝠拼圖、穿衣配對卡。

五、參考書目

1. 光復書局編輯部（民 86 年），經典音樂家列傳，台北：光復書局。
2. 聯廣圖書公司編輯部（民 70 年），華爾滋之王──史特勞斯，台北市：聯廣圖書公司。
3. 彼得‧肯普著，陳明哲譯（民 84 年），偉大作曲家群像──史特勞斯家族，台北市：智庫。
4. 胡金山主編（民 84 年），你必須知道的音樂知識，台北市：巨英。
5. 邵義強著（民 84 年），古典影碟欣賞第二集，台北縣：普洛文化。
6. Michael Scott Rohan 編，古典音樂錄影指南。
7. 邵義強編譯（民 77 年），200 世界名歌劇(6)，台北市：天同。
8. 我家也有音樂家──9 約翰史特勞斯，台北：滾石。
9. 《翠堤春曉》錄影帶。

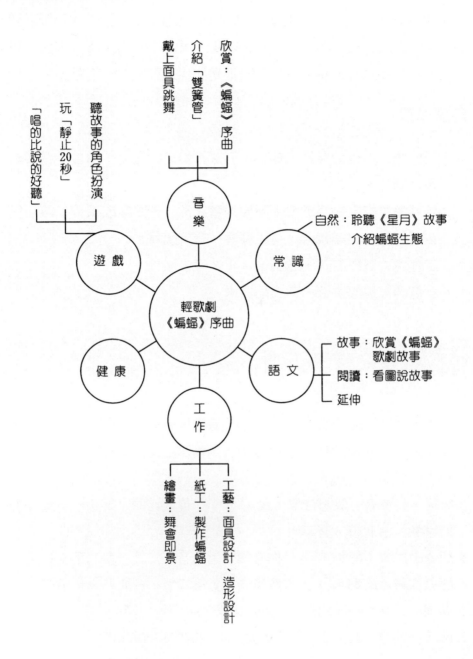

輕歌劇
《蝙蝠》序曲

音樂
遊戲
常識
健康
語文
工作

欣賞：《蝙蝠》序曲
介紹「雙簧管」
戴上面具跳舞

聽故事的角色扮演
玩「靜止20秒」
「唱的比說的好聽」

自然：聆聽《星月》故事
　　　介紹蝙蝠生態

故事：欣賞《蝙蝠》
　　　歌劇故事
閱讀：看圖說故事
延伸

繪畫：舞會即景
紙工：製作蝙蝠
工藝：面具設計、造形設計

您也可以自己製作主題網！

天才音樂家
莫札特㈠

曲目：小夜曲（K525） 文：林巧瑋

 一、教學目標

㈠透過活動參與，體驗「小夜曲」K525 的旋律。

㈡知道作曲家的生平及其曲子的創作緣由。

㈢認識提琴的種類及其聲音。

㈣培養幼生聆聽古典音樂的愛好。

二、教學引導

㈠請家長協助收集有關十七、十八世紀歐洲宮廷生活圖片。

㈡藉由音樂讓幼生了解十七、十八世紀歐洲貴族的生活。

㈢藉由請家長協同收集提琴的圖片及音樂讓幼生認識提琴家族。

㈣在活動前一週放學時播放「小夜曲」K525 的曲子。

三、教學設計與內容

㈠情境布置

　　整體教室布置：將教室布置成十七、十八世紀歐洲宮廷的狀態，利用窗簾布、桌巾、皺紋紙、床單等材質布置，可商請家長協助（在開學時先將此學期的單元活動以書面通知家長，於活動前一個月再發函請家長協助收集布置教室所用的材料，並且於活動前兩週將材料攜至學校，以便於突發狀況的應對）。

㈡學習區

　1.娃娃家：將娃娃家布置成歐洲貴族飲用下午茶的地方（提供茶具及假的西點，僅為角色扮演）。

　2.工作區：

　　⑴雕塑工——用紙黏土做出你所知道的歐洲紳士、淑女。

　　⑵撕貼畫——撕出歐洲宮廷的景象。

　3.積木區：運用大積木或樂高建構歐洲宮廷建築。

　4.圖書角：放置有宮廷背景的圖畫書。

㈢偶劇

　　利用手操偶簡介莫札特的一生，並且以「小夜曲」K525 為背景音樂。

㈣影片欣賞

放映有關歐洲貴族宴會的影片（建議：卡通《凡爾賽玫瑰》）。

㈤說故事

說有宮廷爲背景的故事（例如：《灰姑娘》、《睡美人》等）。

㈥討論

請幼生討論在影片中看到些什麼。

㈦戲劇扮演

因「小夜曲」爲歐洲貴族宮廷宴會時的配樂，讓幼生扮成歐洲貴族紳士、淑女的模樣參加宴會（建議時間：聖誕節前後之化裝舞會）。

㈧認識音樂中演奏的樂器

提琴家族——大提琴、小提琴、中提琴、低音提琴。以實物和圖片介紹。

㈨校外教學

參觀學校附近的樂器行，讓幼生認識提琴家族。

㈩捕風捉影

先自製樂器聲音的錄音帶，讓幼生分組進行猜樂器的遊戲（建議：可參考《彼得與狼》的錄音帶或至樂器行找尋資料）。

(十一)音樂繪圖

隨著音樂的旋律自由構圖。

(十二)音樂律動

隨音樂自由搖擺身體。

四、延伸活動

㈠舉辦下午茶

讓幼生體驗歐洲貴族的飲茶文化（可利用下午點心時間，請家長提供點心或商請廚房阿姨協助）。

㈡舉辦夜間宴會

可利用畢業典禮時在夜間舉辦宴會，讓幼生體驗歐洲貴族夜間餐宴的情景。

五、作曲家簡介及創作緣由

㈠作曲家簡介

莫札特生於一七五六年一月二十七日，其父雷歐波德是當時著名

的小提琴家，在莫札特出生的同時正值歐洲音樂水準的全盛時期，他的作曲天賦是眾所周知的，五歲時就能作曲，八歲時譜寫第一首交響曲，十二歲在維也納寫了第一齣歌劇，到了十五歲，已發表了為數眾多的各類音樂作品。因父親為著名的樂師，故莫札特在幼年時期便有不少的演出機會，於一七六四年應法王路易十五邀請，前往凡爾賽宮演奏，因而邂逅瑪莉太子妃，成為一時的佳話。

神童莫札特的生命如同曇花乍現一般，很年輕便逝世，但他這一生與音樂相伴，他學音樂，教音樂，自己作曲和彈奏，在他短暫的生命中已留下二十齣歌劇、四十首交響曲與五百多篇樂章，其中的代表作有《費加洛婚禮》、《魔笛》、《唐·喬凡尼》、「安魂曲」、「土耳其進行曲」、「G大調小夜曲」、「小星星變奏曲」等。

㈡「G大調小夜曲」的創作緣由

此首曲子創於西元一七八七年，為G大調第十三號小夜曲，又稱為「短小的小夜曲」。對於此曲的創作緣由大多數的資料皆無法明確說明，僅能了解此曲是莫札特在布拉格演出歌劇《費加洛婚禮》獲得大成功之後，緊接著創作出的作品。這首弦樂小樂曲，是為黃昏或晚間時貴族們娛樂、餐宴而作，曲子極為美麗，抒情宜人。

六、參考書目

1. 大英兒童知識寶庫，台北：大英百科全書公司。
2. 林勝儀譯（民86年），古典名曲欣賞導聆──2管弦樂器、6鋼琴曲、7歌劇，台北：音樂之友社。

3. 李哲洋主編（民 79 年），最新名曲解說全集——管弦樂曲，台北市：大陸書局。

4. Neil Ardley, Sc. 等撰稿（民 68 年），我們的世界——藝術與娛樂事業（少年百科全書），台北市：三通圖書。

5. 冰心總主編，李凌主編（民 83 年），百萬個為什麼——音樂，台北市：夏圃。

6. Neil Ardley, Sc. 等撰稿（民 68 年），我們的世界——名人簡介（少年百科全書），台北市：三通圖書。

7. 黃景輝著（民 81 年），音樂圖像系列——莫札特，台北：萬象圖書。

8. 光復書局編輯部（民 86 年），經典音樂家列傳，台北市：光復書局。

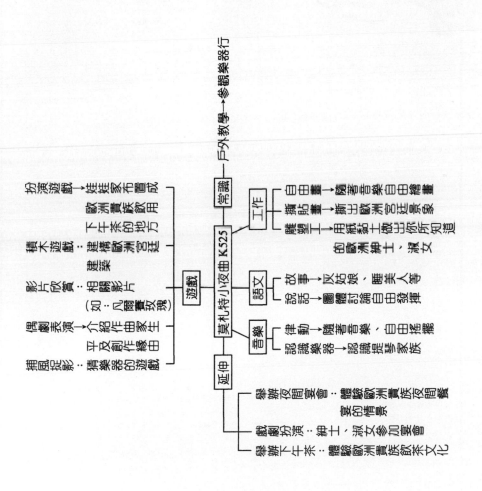

您也可以自己製作主題網！

天才音樂家
莫札特㈡

曲目：魔笛　　　　　　　　　　　　　文：施雅敏

 一、教學目標

㈠藉由活動讓孩子認識莫札特、歌劇《魔笛》。

㈡培養音樂欣賞的能力。

㈢能將歌劇內容與樂曲結合在一起。

㈣認識樂器——長笛。

㈤養成分工合作的團隊精神。

 二、教學時間

一至二天。

三、教學引導

㈠介紹歌劇——《魔笛》的故事，引發幼兒的興趣。

㈡播放音樂帶，直接讓幼兒傾聽和欣賞。

㈢請家長協助收集《魔笛》歌劇的影帶、CD、VCD 等，以及是否有家長可以提供樂器——長笛，並爲幼兒解說與示範。

㈣請家長經驗分享：有關欣賞大型音樂、戲劇、歌劇等表演之心得與注意事項。

四、教學設計與內容

㈠棒偶劇：利用棒偶介紹莫札特的生平。

㈡說故事：介紹《魔笛》故事，並以捕鳥人等相關圖片輔助，引起幼兒的興趣。

㈢欣賞影片：播放片段的影片，讓孩子了解歌劇呈現的型態。

㈣音樂討論：讓幼兒彼此發表與分享。

㈤我心目中的捕鳥人：利用紙黏土，讓幼兒動動手捏塑捕鳥人的特殊造型。

㈥闖關遊戲：可分爲四大關卡，藉由故事內容來設計每關卡的內容，如：塔米諾王子歷經了「守口如瓶」、「洪水滔滔」、「熱焰騰騰」等冒險，最後一關爲解救帕米娜公主。可以六人爲一組，分組進行闖關。

(七)樂器介紹——長笛，提供實際的長笛和圖片，並找人吹奏給孩子欣賞。

(八)校外教學：參觀各縣市立文化中心表演廳，讓幼兒實際認識表演會場。

(九)我們一起來演戲：大家一同討論劇情，可依幼兒的想像來改編，再利用工作角做出的人偶及積木角所搭建的王宮或城堡，一同來演戲。

(十)音樂律動：隨著歌劇音樂，自由創作出身體律動。如：高高低低、快慢節奏、大小聲等。

(十一)歌劇公演海報製作：經由老師的介紹後，使其了解如何宣傳一個活動，並利用工作角呈現出宣傳海報。

(十二)小小看戲人：將教室的一角（如娃娃家）布置成劇院，製作票根、售票亭，讓幼兒藉由買票、對號入座、進而欣賞戲劇等活動，來認識看劇禮儀。

(十三)情境布置：展示歌劇相關圖片、書籍等資料。

(十四)角落設計：

1. 娃娃角：設計成小小歌劇舞台，提供孩子角色扮演之場所。
2. 語言角：放置相關的圖片、書籍、音樂帶。
3. 益智角：拼圖遊戲。將介紹的樂器圖卡放大、切割後，讓幼兒進行拼圖。
4. 工作角：
   (1)繪畫製作：利用彩色筆、水彩、蠟筆等材料，繪製出宣傳海報。
   (2)雕塑工：用紙黏土做出故事中想像的人物造型。
5. 積木角：放置大大小小積木或可搭建之材料，供幼兒自由建構王宮或城堡。

五、延伸活動

㈠比較長笛與直笛的聲音，並讓幼兒學習吹直笛。

㈡西方長笛與中國的簫、笛等樂器外型或聲音的比較。

六、創作緣由與故事內容

《魔笛》創作緣由（作曲──莫札特，劇本──席卡內德）

　　魔笛故事來源有許多說法，不像一般的歌劇是一部文學作品改編。最先出現的是維蘭德收集的《東方故事集》（*Oriental Fairy Tales,* 1786）裡面，利貝斯金德（Liebeskind）所寫的《璐璐，或魔笛》（*Lulu, oder Die Zauberfiote*），璐璐是一位外出打獵的王子，半路上遇到了仙人，仙人請求他幫助取回被惡魔搶走的金劍並救出西迪公主。內容與《魔笛》很相似。

　　當時維也納還有一所和席卡內德唱對台戲的劇院，也正在上演一齣《魔琴或魔管首卡司帕》（*Die Zauber zither, oder kaspar der Fag ottist*）的歌劇，其內容也大致相似。另外一個文學的淵源是來自法國作家泰拉松（Abbe Jean Terrasson）的小說《賽拉》（*Sethos*）。

《魔笛》音樂故事

　　塔米諾王子在打獵時迷了路，遇到了一條超大蛇，嚇昏了。夜女王的三個侍女救了王子的性命。當王子醒來，誤以爲是身邊的捕鳥人巴巴基諾救了他。三侍女將一張夜女王女兒帕米娜的肖像給王子看，塔米諾王子看了就深深地愛上了帕米娜。夜女王知道後，許諾王子如能從薩拉斯特羅手中救回帕米娜，就把帕米娜嫁給他。

　　塔米諾和巴巴基諾各自帶著仙女給的魔笛和銀鈴，來到薩拉斯特羅的王國。他們兩人都想要救回帕米娜。巴巴基諾先遇到了帕米娜，他告訴帕米娜，塔米諾對她的愛情，並訴說自己非常渴望娶個老婆。

　　塔米諾正面臨重重困難，也見到了帕米娜。但馬上就被分開了。薩拉斯特羅也提出了一個要求；塔米諾王子若能通過各項考驗，就可以和帕米娜結婚。首先的考驗是守口如瓶。巴巴基諾在恐慌中受不了誘惑不斷的講話，塔米諾則保持沉默。

　　帕米娜在花園裡不知不覺睡著了，夜女王叫醒她，要她去殺死薩拉斯特羅。夜女王走後，帕米娜就去懇求薩拉斯特羅不要報復夜女王。薩拉斯特羅說：「在我的聖殿中，只有和平和愛，我們不知道什麼叫報復。」

　　薩拉斯特羅給巴巴基諾一個考驗，要他去愛面前醜陋的老太婆，否則永遠會被關在黑暗的房子裡。巴巴基諾對這些考驗厭煩到極點，他不太甘願地接受了要求，答應和老太婆訂婚，突然間老太婆竟變成了一個年輕又貌美的巴巴基娜。但是巴巴基娜馬上又消失得無影無蹤。

　　這時，塔米諾王子吹起魔笛，帕米娜公主聞聲走來，他遵照考驗的規定不說一句話就把她趕走。公主傷心得嚎啕大哭，痛不欲生。

　　仙童告訴帕米娜，塔米諾其實仍愛著她，並帶著她去找塔米諾。塔米諾被披戴盔甲的武士帶到了恐懼門之前。王子正準備接受「水」、「火」的殘酷考驗。這時帕米娜來了，武士同意他們一起並肩走過考驗的最後歷程。他們在魔笛的保佑下度過了危險，進入了聖殿。找不到巴巴基娜的巴巴基諾，難過得要上吊自殺，仙童提醒他搖起銀鈴，巴巴基娜真的出現了，他們幸福地擁抱在一起。

　　摩爾人帶著夜女王的人想搶走帕米娜。薩拉斯特羅以雷鳴電閃和疾風暴雨戰勝了他們。最後，帕米娜和塔米諾一對新人在歡慶聲中加入了教友的行列。

〈魔笛〉音樂賞析

　　童話歌劇《魔笛》共分二幕十三景。由序曲、詠嘆調、重唱曲等二十一首曲子構成的音樂劇。根據劇中不同角色的特徵，作曲家運用多采多姿的創作手法，豐富活潑的音樂語言，營造出一個個鮮明的、富有個性的音樂形象。

七、參考資料

(一)參考書目

　1. 許常惠主編（民82年），學習音樂百科全書——音樂創作與欣賞2，台北市：旺文社。

　2. 尼爾・艾勒等著，徐淑真譯（民78年），音樂小百科——音樂之

旅，台北市：桂冠圖書。

3.金裕眾、戴逸如著（民76年），中外童話音樂欣賞，台北市：丹青圖書。

4.伊安·麥克林著，黃景暉譯（民81年），音樂圖像系列2──莫札特，台北市：萬象圖書。

5.聯廣編輯室（民88年），兒童音樂圖書館，台北市：聯廣圖書。

6. Ger Storms著，申元譯（民87年），兒童音樂遊戲101，台北市：世界文物。

7.吳祖強主編（民88年），歌劇經典──魔笛，台北市：世界文物。

㈡參考網址

http：//w6.dj.net.tw

http：//student.tngs.tn.edu.tw

http：//residence.educities.edu.tw

http：//www.hello.com.tw

㈢參考網站

莫札特的生命樂章。

音樂工廠。

王家麒的莫札特筆記本。

李璨光的網頁。

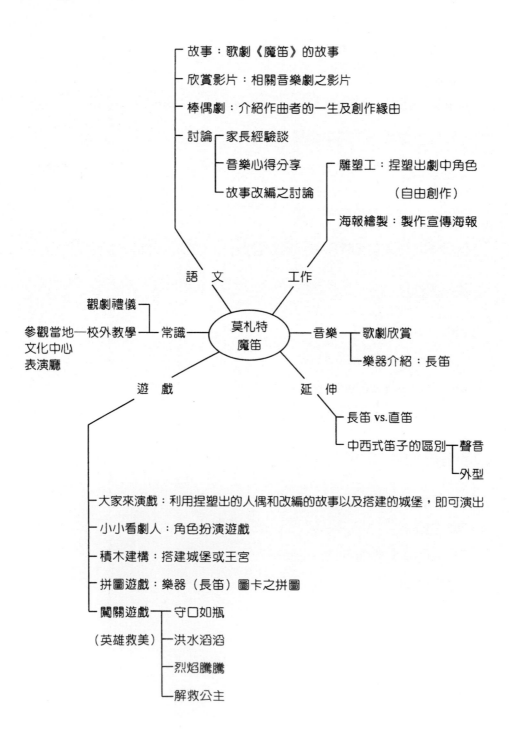

故事：歌劇《魔笛》的故事

欣賞影片：相關音樂劇之影片

棒偶劇：介紹作曲者的一生及創作緣由

討論 ── 家長經驗談
　　　── 音樂心得分享
　　　── 故事改編之討論

雕塑工：捏塑出劇中角色
　　　　（自由創作）

海報繪製：製作宣傳海報

語　文　　　　工　作

觀劇禮儀 ── 常識

參觀當地 ── 校外教學
文化中心
表演廳

莫札特
魔笛

音樂 ── 歌劇欣賞
　　　── 樂器介紹：長笛

遊　戲　　　　延　伸

長笛 vs.直笛

中西式笛子的區別 ── 聲音
　　　　　　　　　── 外型

大家來演戲：利用捏塑出的人偶和改編的故事以及搭建的城堡，即可演出

小小看劇人：角色扮演遊戲

積木建構：搭建城堡或王宮

拼圖遊戲：樂器（長笛）圖卡之拼圖

闖關遊戲 ── 守口如瓶
（英雄救美）── 洪水滔滔
　　　　　── 烈焰騰騰
　　　　　── 解救公主

您也可以自己製作主題網！

天才音樂家
莫札特㈢

曲目：小星星變奏曲　　　　　　　　　　文：李宣卿

一、教學目標

㈠知道樂曲的由來。

㈡分辨各種琴類的不同之處。

㈢培養音樂的韻律感。

㈣養成欣賞音樂的習慣。

㈤增進想像、發表、分享的能力。

㈥利用素材創作作品。

二、教學引導

㈠於單元進行兩週前，教師與家長一同收集維也納的風景圖片及有關
　星星的資料。

㈡教師須熟悉「小星星變奏曲」，並整理出各段中快板、慢板、急板

等。

㈢會彈奏「小星星」。

三、教學設計與內容

㈠美麗的星空

教師及幼兒可共同想像及創作，進行團體討論，討論夜晚的天空有何情境及特徵，再利用各種素材，進行教室的情境布置，如：可利用黑色壁報紙（不透光的紙亦可）將教室窗戶覆蓋住，呈現出夜晚的感覺，或利用黃色蠟光紙（玻璃紙亦可）製作成星星、月亮、銀河，也可用現成的星星圖片，或可從一般文具店所購買有夜光的星星圖案，布置夜空出來。

㈡星星在唱歌

利用海報或教師手勢的提醒，教唱歌曲。

㈢小星星的舞蹈

以「小星星」的音樂為背景，由教師與幼兒一同進行律動創作。

㈣小小音樂會

利用各種打擊樂器，如鈴鼓、木魚、響板、三角鐵、沙鈴等，演奏出「小星星」，可再分為三組，分別為歌唱組、動作組及演奏組，一同表演，三組亦可輪流表演，可作為大型節目的表演之用（節拍方

式如註一）。

㈤閃耀的小星星

　　在夜空的情境布置中，手提小燈籠或手電筒，扮演小星星，在十二段的變奏曲中，可選擇音樂性較強的四至五段，每段約三十秒，再依聆聽時的感覺，揮舞手中的小燈光，教師可先做示範，但不要太多。

㈥美妙的鋼琴演奏

　　了解此首曲子為鋼琴演奏曲後，教師解釋何謂「家庭演奏用」，並表示家庭演奏是只有親朋好友聆聽的小小型演奏會，所以在教室演奏即是屬「家庭演奏用」，並請會彈鋼琴的幼兒上台演奏「小星星」或是其他樂曲，而台下聽眾可在演奏後給予掌聲及回饋，教師此時須特別注意禮節的培養。

㈦都是好琴聲

　　先分辨鋼琴、電子琴、風琴、口風琴外型的不同，如：鋼琴比較大，電子琴薄薄的，風琴有踏箱，口風琴有吹口等，若無現成的樂器，可利用圖片或幻燈片方式介紹，再請一位會彈琴的幼兒上台，利用電子琴分別演奏各種琴的不同音色，最後用團體討論的方式，討論四者的音色及外觀的異同，並分享自己喜歡何種樂器。

㈧維也納風光

　　藉由戲劇引導，如戲劇或是手操偶的演出，了解作者是在初抵維也納時，為了讚嘆維也納的風光（以「喔！媽媽，讓我告訴您啊！」這首曲子的旋律做主體），而譜出「小星星」，接下來便可以大型圖

片的方式，介紹維也納的風光約四種（風景的差異愈大愈好，如浪漫的夜景、明亮的橋、美麗的日出、夏日風光或冬天的雪景等），最後選出變奏曲中的四段，依各段聆聽的感覺，想像是讚頌維也納的何種風光，圖片可用編號的方式在台前依曲子的順序寫下號碼，最後再進行分享（註二）。

(九)好吃的星星

利用市售的果凍粉及星狀的模型盒，製作星星的果凍，可做出不同的大小及色彩，享受體驗自己所做的食物。

(十)角落教學

1. 音樂角：可常常播放「小星星變奏曲」，也可請家長提供簡單的樂器，如口風琴、小鐵琴、電子琴，標示出易懂的演奏方法，讓幼兒演奏。
2. 美勞角：摺小星星，小星星的做法很多種，如用長條紙摺成粒狀的，或是用蠟光紙及錫箔紙做成立面的等，有作為吊飾的，也有製作成一瓶罐的。
3. 益智角：利用摺好的小星星，進行具體的數概念教學。

 四、延伸活動

(一)參觀天文台，了解星象。
(二)分享有關當季星座的故事。

註一：參考節拍如下

	1	1	5	5	6	6	5		4	4	3	3	2	2	1
	一	閃	一	閃	亮	晶	晶		滿	天	都	是	小	星	星
鈴　鼓	●		●		●		●		●		●		●		●
響　板	✿		✿		✿	✿	✿		✿	✿	✿		✿	✿	✿
三角鐵	◆	◆	◆	◆	◆		◆		◆	◆	◆	◆	◆		◆

	5	5	4	4	3	3	2		4	4	3	3	2	2	1
	掛	在	天	上	放	光	明		好	像	許	多	小	眼	睛
鈴　鼓	●		●		●		●		●		●		●		●
響　板	✿		✿		✿	✿	✿		✿		✿		✿	✿	✿
三角鐵	◆	◆	◆	◆	◆		◆		◆	◆	◆	◆	◆		◆

	1	1	5	5	6	6	5		4	4	3	3	2	2	1
	一	閃	一	閃	亮	晶	晶		滿	天	都	是	小	星	星
鈴　鼓	●		●		●		●		●		●		●		●
響　板	✿		✿		✿	✿	✿		✿	✿	✿		✿	✿	✿
三角鐵	◆	◆	◆	◆	◆		◆		◆	◆	◆	◆	◆		◆

註二：有關維也納風景的蒐集方式如下

1. 奧地利商務代表團台北辦事處——台北市復興北路一段164號5樓。

　　http://www/protour.com.tw

2. http://www/to-go.com.tw

3. http://www/tourism.pu.edu.tw

五、參考書目

1. 光復書局編輯部（民86年），經典音樂家列傳，台北市：光復書局。
2. 林勝儀譯（民86年），古典名曲欣賞導聆㈥鋼琴曲，台北市：音樂之友社。

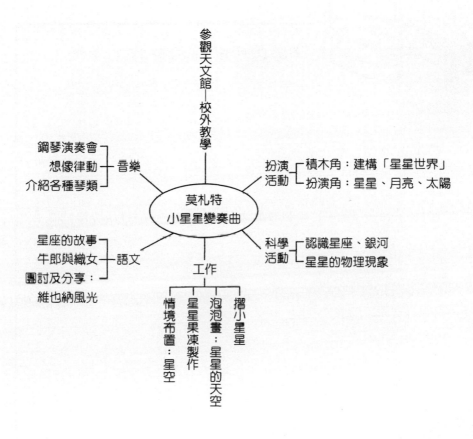

參觀天文館—校外教學

鋼琴演奏會
想像律動 — 音樂
介紹各種琴類

扮演
活動 — 積木角：建構「星星世界」
　　　　扮演角：星星、月亮、太陽

莫札特
小星星變奏曲

星座的故事
牛郎與織女 — 語文
團討及分享：
維也納風光

科學
活動 — 認識星座、銀河
　　　　星星的物理現象

工作

摺小星星
泡泡畫：星星的天空
星星果凍製作
情境布置：星空

您也可以自己製作主題網！

印象樂派詩人
拉威爾

曲目：波麗露　　　　　　　　　　文：游意斐

一、教學目標

㈠能知道「鼓」家族的成員。

㈡能從配合音樂模仿動物動作中感受到三拍子的節奏、漸強和反覆的曲式。

㈢能從音樂旋律中發揮想像力，共同創造發展後續故事，抒發自己的情緒。

二、教學引導

㈠以「吹笛人」、「印度眼鏡蛇阿三遊大街」或「太空漫步」等引起幼兒興趣。

㈡向家長徵求提供有關中東服裝、文物或風景圖片。

三、教學設計與內容

㈠音樂欣賞

1. 以簡短的《吹笛人》故事當起頭，例如：「在很遠很遠的阿拉伯國家裡，有一個很會吹笛子的人，不管是人或者是動物，只要聽到他吹的笛聲，就會覺得很幸福、很快樂，然後不知不覺地跟著他走。有一天，遠遠地又聽到吹笛手的笛聲，聰明的小朋友，讓我們一起來猜猜看這次又會發生什麼事……」。

2. 接著將「波麗露」分段（原曲共分九段），讓幼兒邊聽音樂邊想像、討論：又有什麼動物加入？然後又發生了什麼事情？牠們經過什麼地方？最後的結局又怎麼了？（團討過程可錄音或錄影，與其後戲劇公演整理剪輯。）最後再將整首曲子重新播放一次，讓幼生更熟悉旋律。

㈡語文

1. 師生共同編寫後續故事發展，並製成有聲書。
2. 放置拉威爾圖畫故事書或鼓類家族樂器的圖片。
3. 教師可以「波麗露」為背景音樂，旁白以師生欣賞「波麗露」所共同編出的故事情節，製成錄音帶，讓幼兒隨時可以取用聆聽。

㈢律動

1. 動物模仿秀：模仿各種動物的動作，並隨著音樂故事情節，逐漸

加入，讓幼兒了解音樂的「反覆」、「漸強」關係。

2. 聽聽誰的聲音：發給幼兒各式各樣的鼓，如鈴鼓、大小鼓等讓幼兒試奏，並找出和音樂中會發出相同聲音的樂器。

3. 動物蘿蔔蹲：讓幼生隨著音樂節奏模仿動物走路，教師準備一個大鼓，在每三拍的第一個重音時擊鼓一次（即在「碰、恰、恰」的「碰」上敲一下），幼兒聽到鼓聲就要蘿蔔蹲一次，且隨著節奏愈來愈強要愈蹲愈下去。等幼兒熟悉遊戲規則後，亦可再加入他們自製的鼓，跟著節奏拍打。

㈣美勞

1. 製作動物面具。

2. 讓幼兒邊聽音樂邊為以上共同編寫的故事畫插畫，由教師擇優排列展示（可分六或八頁），最後再配上文字集結成冊，成為有聲書。

3. 用奶粉罐、易開罐等瓶瓶罐罐自製簡易鼓。

㈤戲劇

可配合「園遊會」、「親師懇談會」，將師生共同編寫的故事以戲劇公演方式呈現。

㈥常識

1. 介紹中東國家的風土民情：展示地圖及有關中東國家的服裝、文物或風景文物。

2. 觀看《阿拉丁》錄影帶。

四、作曲家簡介及創作緣由

　　一八七五年三月七日，拉威爾出生於法國錫布爾（Ciboure）。父親是瑞士人，母親是西班牙人，因此在拉威爾的作品中，常帶著濃厚的西班牙風格。六歲時，拉威爾在父親的鼓勵下開始學鋼琴。十四歲，進入巴黎音樂院。二十歲時，拉威爾一度離開音樂院，兩年後又再回到母校，追隨名音樂家瑞佛學習作曲，違背了父親的期望，踏上了作曲家之途。

　　二十四歲時，拉威爾成功地發表處女作「死公主的孔雀舞」，從此成為法國作曲界眾所矚目的新人，然而成功的喜悅仍無法解決拉威爾的生計問題。為了擁有一個開拓事業的基礎，所以，從二十五歲開始拉威爾連續四年參加「羅馬大獎」競賽，但是皆不幸落敗。至三十歲那一年拉威爾再度參賽，大會竟以「超齡」為由拒絕，引起輿論譁然。在強烈的輿論抗議譴責下，巴黎音樂院院長甚至因此而下台，由此可想見，拉威爾在當時所擁有的地位與人緣了。

　　拉威爾的作品，以室內樂和歌曲的數量最多，但卻以管弦樂曲、歌劇以及芭蕾舞劇而寫的芭蕾組曲最負盛名。其中有很多原本是鋼琴曲，在他匠心獨具的配器手法下反而成為著名的管弦樂。這些作品包括了「鵝媽媽組曲」、「死公主的孔雀舞」、「小丑的晨歌」、「哈巴奈拉舞曲」、「庫普蘭之墓」、「高貴和感傷的圓舞曲」等，就連原本為小提琴與鋼琴所寫的「吉普賽」也改編成小提琴與管弦樂的協奏曲。更令人稱奇的是，俄國作曲家穆梭斯基所寫的「展覽會之畫」，在他改編之下，不但大為流行，更凌駕其他管弦樂版本，獨領風騷數

十年。

　　除了將鋼琴曲改編為管弦樂曲以外，拉威爾也深受印象樂派的影響。法國音樂家德布西是第一位將音樂和印象派繪畫結合的作曲家，他創立了印象樂派，強調音樂的創作應該破除以往古典主義的各種限制藩籬，無拘無束地用音符描寫所有美麗的事物，尤其有關水、光線等浪漫氣氛的音樂，這是印象派音樂的一大特色。

　　在巴黎長大的拉威爾，比德布西小十二歲，在耳濡目染的環境下，年輕的拉威爾不但成為印象樂派獨一無二的繼承者，他更融合了自己古典主義的主張，以及對舞曲節奏的喜好。拉威爾突破了德布西原有的音樂風格，創造出真正屬於自己的印象樂派。在這方面著名的作品有「水的嬉戲」、「鏡」等。此外，芭蕾舞劇《達夫尼與克羅伊》、管弦樂曲「波麗露」及「D大調左手鋼琴協奏曲」亦是相當膾炙人口的佳作，其中「波麗露」更為拉威爾贏得「管弦樂曲魔術師」的美譽。

　　「波麗露」是拉威爾五十三歲時，為好友魯賓斯坦所做的芭蕾舞劇配樂。這首舞曲不但是拉威爾的傑作，也是他作品中最受歡迎的曲子，這首曲子富有濃厚的西班牙─阿拉伯風味。曲子從極弱奏開始，藉著不同樂器的獨奏、組合和合奏的配合，一句一句增強，最後以極強奏結尾，從頭到尾剛好是一個「漸強」記號的表現。樂典最初以中提琴伴奏，小鼓刻畫出全曲的節奏，不久長笛吹出第一主題，在單簧管引接反覆後，由低音管奏出第二主題。此後這兩段主題，依次由各種樂器引奏，並逐漸增加樂器的數量，最後在震耳欲聾的尾奏中結束，完成這首絢爛華麗的樂曲。這是拉威爾最後一首管弦樂曲，他以單一旋律重複將近一百五十次，不用轉調，僅以不同的樂器組合，卻能表現出絢麗的光彩和非凡的技藝，無怪乎蘇俄作曲家羅科非耶夫稱

他為「作曲技巧的奇蹟」。

　　一九三二年十月，拉威爾因交通事故，頭部受傷，其間亦轉往西班牙和摩洛哥等地療養，但均無效。一九三七年在巴黎醫院中因腦部手術失敗陷入昏迷，遂於十二月二十八日離開人世，享年六十二歲。

　　由於事事追求完美的個性，使得拉威爾身後留下的作品為數不多，但直至今日，拉威爾的許多曲子，仍不斷地在世界各地的演奏會中，贏得一場場滿堂采，無論是鋼琴曲、管弦樂曲或是抒情的室內樂曲，拉威爾的精緻細膩，總讓愛樂者久久低迴不已。

音樂小百科：波麗露

一種中速度三拍子的西班牙舞曲，約在一七八○年時由西班牙舞師發明，跳舞時舞者通常配有響板。拉威爾在此曲中，將整個節奏改變，同時也把速度放慢一倍。

五、參考資料

1. 光復書局編輯部（民86年），經典音樂家列傳，台北市：光復書局。
2. Neil Ardley 著，陳蕙慧譯（民84年），打開音樂之門，台北市：台灣麥克。
3. 吳倩怡（民86年），音樂萬歲，台北市：格林文化。
4. 拉威爾：波烈露、西班牙狂想曲、圓舞曲、高貴與感傷圓舞曲（CD），台北市：福茂唱片。
5. 《阿拉丁》（錄影帶），美國：迪士尼。

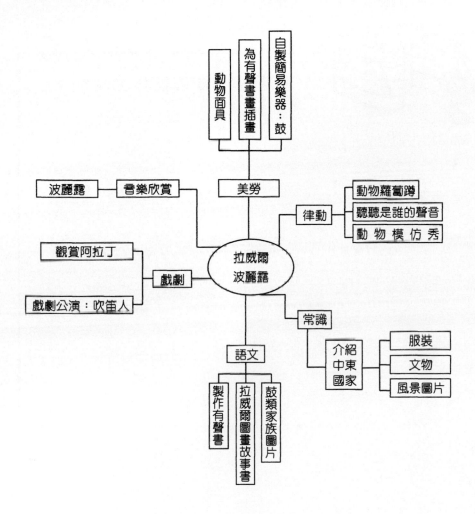

您也可以自己製作主題網！

印象大師

德布西

曲目：月光　　　　　　　　　　　　　　　　文：高立名

一、教學目標

㈠培養欣賞古典音樂的興趣。

㈡認識樂器和德布西生平及故事。

㈢增強思考創造的能力。

㈣能接受黑夜，欣賞月色之美。

二、教學引導

㈠透過情境布置與氣氛的營造欣賞「月光」，培養想像的空間。

㈡利用圖片及 CD，介紹豎琴的音色與演奏方法，指明其在曲中的表現方式。

㈢討論聆聽後的感想，自由發表。

㈣運用活動設計來加深印象。

三、教學設計與內容

㈠引起動機

1. 教室內做情境布置，欣賞「月光」曲（可將教室內光線弄暗，用手電筒打光形成月亮假象，或播放幻燈片或投影機，製造夜晚月光的感覺）。

2. 配合中秋節演出嫦娥奔月或玉兔搗藥的偶戲，將「月光」當成背景音樂，帶入主題。

3. 直接欣賞曲子，請幼兒自由發表感覺和想法。再說出「月光」的表達主題，請幼兒再聽聽看。

4. 介紹豎琴和其音色，再請幼兒聆聽「月光」曲子，找找看豎琴的聲音在哪裡？（可配合律動、聽到豎琴聲用旋轉身體表示。）再帶入主題。

㈡展開活動

1. 團討聆聽後的感覺與想法，介紹音樂家。

2. 各領域教材教法（視需要實行）。

   ⑴音樂：

   ①配合音樂與故事情節，做模擬律動或自由律動。

   ②教唱相關歌曲，如「月姑娘」。

   ⑵工作：

   ①聆聽音樂畫出有關月亮的畫面。

②剪貼印象中月光下的景色。

③廢物工做出立體的月亮、星星或豎琴。

④黏土雕塑住在月亮裡的人物（可運用中秋節神話故事）。

(3)語文：

①用圖片或偶戲說有關月亮的神話故事。

②介紹有關月亮的節日（如中秋節）與習俗。

③教讀唐詩「靜夜思」。

④閱讀圖畫故事書，如《爸爸，我要月亮》（上誼），《月亮好吃嗎？》（智茂）。

(4)常識：

①認識月亮的圓缺、形狀、光線的變化（可用實驗）。

②認識有關月亮的節日與民間風俗。

③介紹光和影子的關係（利用遊戲或實驗方式）。

(5)遊戲：

①扮演相關的神話與故事情節。

②欣賞有關月亮的影片或卡通。

③用積木或廢紙工創作想像的月亮世界。

④利用光和影子原理來玩月亮圓缺變化的遊戲。

⑤用麵包咬出或黏土捏塑月亮圓缺的變化。

⑥用手來製造影子玩遊戲。

㈢綜合活動

*1.*作品分享。

*2.*團討發表感想。

*3.*再次聆聽「月光」和前面展開活動做結合。

四、延伸活動

㈠戶外教學：參觀天文台。

㈡介紹中西撥弦樂器（如吉他、琵琶）。

㈢開「月光舞會」配合慶祝中秋節（可準備短劇、表演、月餅、柚子等）。

 五、作曲家簡介及創作緣由

德布西的一生用他細膩的情感、敏銳的感受力，以音符為顏料、五線譜為畫布，彩繪出自己想像豐富的內心世界。德布西的音樂被人稱為「印象主義」，一如印象派畫風給人的感受，但他自己並不認同此說法，也未留下任何固定形式規範後人。德布西最反對任何音樂教條的束縛，音樂只是用來表達他內心情感的一種方式。他以熟稔的音樂技巧、創新的詮釋手法，打破長期表達樂音的框架。以嶄新的平行調風格、全音階的表現，及單獨和弦的效果，渾然天成地描繪大自然中豐富的美景，或詮釋觸動人心的畫作詩文，或是生動地描繪各種事物，呈現出如夢如幻的縹緲印象，總如神來之筆般地令人驚豔，而拜倒在其作品之下，繼而掀起二十世紀初的樂壇風暴。

一八六二年生於法國的德布西，從小便寄宿在南部靠海的姑媽家中，和自己爸媽卻很少接觸。他和所有孩子一樣，快樂無慮地生活在寬闊的天地之中。誰也沒預料到這位感受敏銳的孩子，將來會成為跨

世紀的音樂大師。德布西的姑丈對他的影響很深遠，不但在他四歲時開始教授他彈琴，也使德布西對美好精緻的物品和繪畫，產生濃厚的興趣。在他回想童年的印象中，最鮮明的仍是那濃烈的玫瑰花香和那通往蔚藍大海的鐵道……九歲時德布西認識了發掘他音樂天分的莫泰夫人，她親自教導他彈琴，並資助他進入巴黎音樂學院。而他的音樂才華也未讓他人失望，雖然有不少老派的教授無法接受他創新的音樂手法，認為他總是在搗蛋做怪而鄙視他。但也有教授相當肯定他與眾不同的音樂特質，知道這位獨排眾議的少年，必能在未來的音樂界占有一席之地。

　　德布西除了努力求學，扎下深厚的理論基礎，有時也兼授些鋼琴課程，或為人伴奏，賺些生活費。他也四處遊走，增廣見聞，吸收各地音樂文化的特長，化為自己的養分，其中以義大利和俄羅斯兩處影響最大。此時的德布西似尚未雕琢的璞玉，卻已難掩他天生的光芒。這段早期的遊學經驗，在他腦中留下深刻美好的印象，尤其那浸淫在月光下的美景，促使他寫下「月光」這家喻戶曉的名曲。樂評家加替曾嘆道：「那輕盈的上行琶音，猶如向天空噴出的清泉……」德布西以快速的琶音暗示月光閃爍的光輝，生動描繪出那難以言喻的夜色，「月光」成為他最受歡迎的作品之一。

　　一八八四年，二十二歲的德布西歷經三次的努力，終於拿下羅馬大獎的首位。然而他並未自滿，反而力求音樂上更傑出的表現。當時的音樂界籠罩在華格納德國音樂的旋風下，德布西自己也十分仰慕他，曾兩次拜訪他、聆聽其歌劇的演出，卻也下定決心做出與之抗衡的音樂風格。這個目標在他作品「牧神的午後前奏曲」公演後，獲得大眾的認可。他以如夢似幻的音樂詮釋出原詩作的意境，令所有觀眾如癡如狂、渾然忘我地沉醉在那縹緲的夢境中。不但使自己躍進名音

樂家之列，也確定了印象主義音樂的風格。

　　「水」一直是德布西最喜愛描繪的主題之一，那千變萬化的色澤、那閃爍跳動的波光，令他為之瘋狂癡迷，無法自拔地歌誦描繪它。多曲作品皆圍繞這神秘多變的元素呈現。那無法摸透的性質，讓他永遠也無法停止地迷戀一切有關水的事物。作品「海」即描繪出生動的海上風光，彷彿令聽眾看見大海在晨光中甦醒、海浪波濤相互糾結、聽到風與海的怒吼，就如大海在你面前一樣。而德布西也改用輪廓分明的旋律、各種樂器獨特的音色，具體描繪事物的特質。德布西也是位難得保有赤子之心的好爸爸，與愛女秀秀更是父女情深。故而為愛女所寫的兒童作品，可直抒孩童的心意，沒有一絲成人矯揉作態的氣味。難怪在德布西逝世兩年後，十四歲芳年的秀秀也隨之而去。其動人可愛的兒童舞劇《玩具箱》（似安徒生童話《小錫兵》），曾以木偶劇型態演出。而鋼琴曲「兒童世界」更是將兒童天真浪漫的天性，描繪得淋漓盡致。

　　德布西一直是創作力充沛的偉大音樂家，他虛心求教於各種音樂文化、不斷創新研究音樂的表現手法，從不驕縱自滿，不停止對自我的挑戰。只要能令他動容的事物，他總會透過自己的妙手描繪那美好的片刻，讓聽眾也觸碰到那撼人心弦的美感。德布西終身為「音樂而音樂」，從不寫矯揉敷衍的作品。他為音樂燃燒自己的光芒，也替二十世紀的音樂開拓更寬廣的道路。

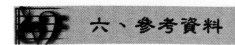

六、參考資料

1. 錦繡文化編撰（民 83 年），音樂巨匠雜誌〈音樂與典藏系列〉德布

西⑬⑭，台北市：文庫出版、錦繡文化。

2. David Cox著，孟庚譯（民84年），德布希管絃樂（音樂導讀12），
台北市：世界文物。

3. 聯廣編輯室（民87年），兒童音樂圖書館，台北市：聯廣圖書。

4. Annie Couture，Marc Roquefort著，韋德福譯（民86年），音樂史，
台北市：三民書局。

5. 許常惠著（民60年），希望音樂叢書④杜步西，台北市：希望。

6. 張友珊著（民82年），西方音樂家的故事，台北市：林鬱文化事業。

7. 德布西「月光」——貝加爾組曲Ⅲ（CD）（滾石古典音樂百科全
書，動聽小品錦盒⑲），台北市：滾石唱片。

8. 光復書局編輯部（民86年），經典音樂家列傳，台北市：光復書局。

主題教學

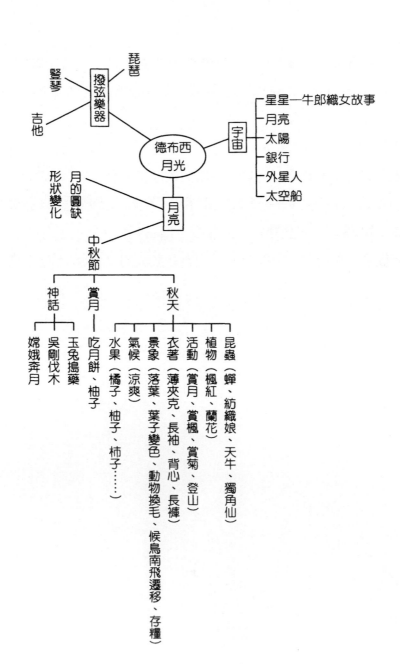

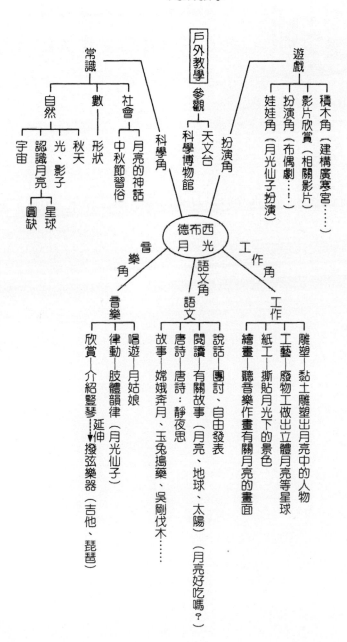

角落教學

您也可以自己製作主題網！

紅髮教父

韋瓦第

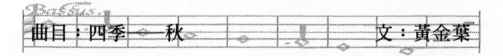

曲目：四季——秋　　　　　　　　　　　文：黃金葉

一、教學目標

㈠激發幼兒愛好音樂的興趣。

㈡啓發幼兒對音樂的表現能力。

㈢以音樂啓發幼兒的潛能。

㈣認識近代協奏曲之父韋瓦第。

㈤能認識及聆聽協奏曲之意義以激發幼兒對「秋」的感受。

二、教學引導

㈠帶幼兒到校園內或社區公園欣賞秋天特有的景色。

㈡找個午後涼爽時刻坐在大樹下聆聽秋風颼颼及蟲鳴鳥叫。

㈢收集有關於秋天之錄影帶、書籍。

㈣找個適合的田園觀賞農夫豐收之美景。

㈤認識弦樂器──小提琴。

三、教學設計與內容

㈠教室內播放四季「秋」的樂曲。

㈡教室中秋色之情境布置。

㈢請幼兒收集秋之圖片掛於教室中，並讓幼兒發表出不同的感受。

㈣有關秋之兒歌或唐詩教唱能更深入了解秋的美景。

　　唐詩：〈秋月〉

　　　　　　清溪流過碧山頭，空水澄鮮一色秋。

　　　　　　隔斷紅塵三十里，白雲紅葉兩悠悠。

㈤從音樂欣賞中體會秋的喜悅、寂靜及活潑行進。

㈥以肢體動作或圖片配對，認識樂曲中的節奏變化以及協奏曲中特有
　　的樂器──小提琴。

四、延伸活動

㈠撿拾落葉做拓印及造形貼畫。

㈡到戶外寫生。

㈢隨著「秋」的樂曲第一樂章至第三樂章，先欣賞豐年祭之影帶，道
　　具準備羽毛、頭套、各式各樣之布塊，再編排一連串的即興豐年舞
　　蹈及遊戲。

　　第一樂章：豐年舞祭之歡樂狂歡直到深夜。

第二樂章：所有的人累了一片寂靜。

第三樂章：大家又是精神飽滿上山打獵，讓小朋友分組玩老虎、獵人、槍之遊戲。

㈣節奏練習（說白節奏）：可用肢體或節奏樂器。

清溪流過　碧山頭　　空水澄鮮　一色秋

隔斷紅塵　三十里　　白雲紅葉　兩悠悠

 ## 五、作曲家簡介及創作緣由

一六七八年韋瓦第生於義大利音樂名城威尼斯，父親喬班尼是小提琴演奏者，在教會樂團擔任小提琴手，從小家庭中充滿了音樂氣息，每天聆聽父親拉奏悅耳的琴聲，有時還隨父親至樂團聆聽樂團排練，這些優美的旋律深深印在韋瓦第的腦海中，啟發了他對音樂的熱愛。

韋瓦第曾接受神職的訓練，並且在十五歲時被授與神職，因為他有著一頭的紅髮，所以被親切地稱為「紅髮教父」，然而韋瓦第對於音樂的熱愛遠超過於宗教的熱忱，所以在教會服務十年終於放棄神職，從事音樂創作。

一七○三年韋瓦第在慈善孤女院擔任音樂指導，他除了教學生樂隊指揮，還為節慶、假日譜寫樂曲，隨著繁多的音樂演奏，韋瓦第完成大量的樂曲作品，也廣泛地流傳開來，許多著名的協奏曲就是在這時完成的。

韋瓦第的協奏曲首創單一樂器貫穿全曲獨奏部分，而以整個管弦樂爲其協奏，開創新代協奏曲形式之典範，許多音樂家競相學習其典範，故被稱爲近代協奏曲之父。

一七二五年完成協奏曲集和諧與創新的競爭，其中有十二首協奏曲，前四首就是著名的「四季」，每一首協奏曲均是一季節三個樂章，這四首協奏曲最爲人熟知，他想以一個弦樂團來表達一年當中春、夏、秋、冬四季的自然景物變化及人在其中的感受。當時的歌劇、芭蕾中有以音樂表達海上風暴、田園景色等，此外他還爲每一首協奏曲寫了十四行詩，詳細註解各部分音樂的內容。跟著這組音樂，我們也可以順便認識韋瓦第的故鄉——義大利的四季風光。

韋瓦第的極多作品，包括各種協奏曲、歌劇等，創作速度非常快，有人說他的作曲比抄譜更快！他是他那一代作曲家中最具原創力、影響後代最大的一位，他對實驗的喜好，產生了許多新的曲式及新的演奏技巧。他建立了巴洛克獨奏協奏曲的形式，他也是標題音樂的開路先鋒。一七四一年病逝於維也納旅途中。

 ## 六、參考資料

1. 光復書局編輯部（民 86 年），經典音樂家列傳，台北：光復書局。
2. 音樂家列傳有聲 CD。
3. 唐詩三百首。
4. 趙震編譯（民 86 年），名典的故事，台北：志文。

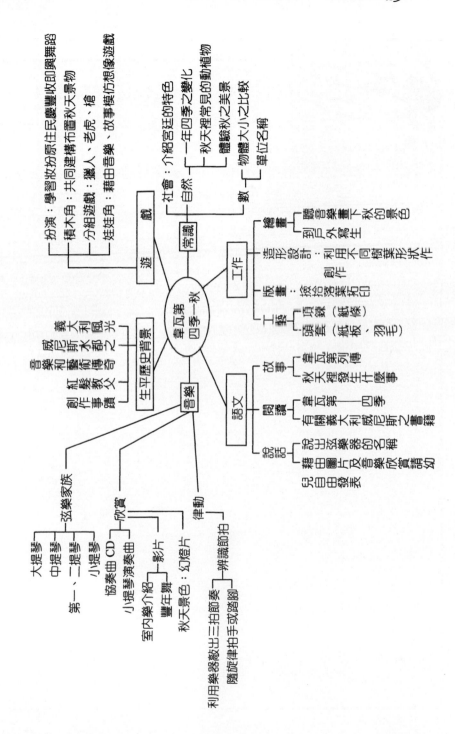

扮演：學習妝扮原住民慶豐收即興舞蹈

積木角：共同建構布置秋天景物

分組遊戲：獵人、老虎、槍

娃娃角：藉由音樂、故事模仿想像遊戲

戲

社會：介紹宮廷的特色

自然┬一年四季之變化
　　├秋天裡常見的動植物
　　└體驗秋之美景

數┬物體大小之比較
　└單位名稱

常識

遊

繪畫┬聽音樂畫下秋的景色
　　└到戶外寫生

造形設計：利用不同樹葉形狀創作

版畫：撿拾落葉拓印

工藝┬項鍊（紙條）
　　└頭套（紙板、羽毛）

工作

韋瓦第
四季—秋

威尼斯水都之奇
義大利藝術博覽
音樂和風光

紅髮教父事蹟
創作事蹟

生平歷史背景

故事┬韋瓦第傳
　　└秋天裡發生什麼事

閱讀┬韋瓦第——四季
　　└有關義大利威尼斯之書籍

說話┬說出弦樂器的名稱
　　├藉由圖片及音樂欣賞請幼
　　└兒自由發表

語文

音樂

弦樂家族┬大提琴
　　　　├中提琴
　　　　├第一、二提琴
　　　　└小提琴

欣賞┬協奏曲 CD
　　├小提琴等演奏曲
　　├室內樂介紹
　　├影片
　　├豐年舞
　　└秋天景色：幻燈片

律動┬利用樂器敲出三拍節奏
　　├辨識節拍
　　└隨旋律拍手或踏腳

您也可以自己製作主題網！

音樂之父

巴赫㈠

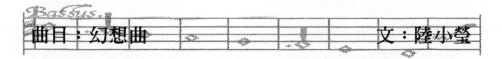

曲目：幻想曲　　　　　　　　　　　　文：陸小瑩

一、教學目標

㈠激發幼兒愛好音樂的興趣。

㈡啓發幼兒對音樂的表現能力。

㈢認識音樂家巴赫的生平事蹟。

㈣聆賞巴赫作品d小調觸技曲與賦格曲BWV565（Toccata und Fuge, d）。

二、教學引導

㈠觀賞錄影帶《幻想曲》（迪士尼卡通電影《幻想曲》）。

㈡介紹管弦樂團（指揮家、銅管樂器、木管樂器、弦樂器、打擊樂器）。

㈢建議播放時間：靜息、餐點、遊戲時間……均可播放。

三、教學設計與內容

㈠認識音樂家巴赫

1. 介紹巴赫的生平事蹟（參考資料）。

2. 聆聽巴赫作品 d 小調觸技曲與賦格曲，作品編號 BWV565 之錄音帶或 CD。

3. BWV565 曲之介紹：這是巴赫風琴曲中最著名的作品，創作於巴赫在宮廷擔任管風琴師時。此曲發表後，使他成為聞名遐爾的管風琴演奏家。本曲因布梭尼的鋼琴編曲以及指揮家斯托柯夫斯基的管弦樂編曲，而成為非常通俗的樂曲。迪士尼卡通電影《幻想曲》就採用斯托柯夫斯基編曲的作品做為電影插曲，深受大人、小孩喜好。

㈡聽音作畫

以巴赫作品 BWV565 為背景音樂，鼓勵幼兒詮釋音樂，而不只是聽音樂，幼兒是否能為所聽到的音樂描繪出心想的景象，甚至圖畫。

1. 線畫：運用小拔河繩在地上，隨著樂曲而排列出各種心想景色（大自然、形狀圖形……）。

2. 彩糊畫：在桌面鋪上大片透明塑膠布，將漿糊與無毒水彩混合的彩糊或手指膏，讓幼兒在塑膠布上隨著音樂作畫（猛烈的暴風雨，天空任我遨遊……）。

3. 抽象畫：將廣告顏料大膽地在粉彩紙上做畫（聆聽音樂時有何感

受，作曲者想訴說些什麼？……）。

㈢即興舞蹈

　　手拿皺紋紙條，運用身體各部分，隨心所欲自由表現出聲音的大小、高低、強弱、快慢、長短……等，隨著樂曲的旋律起舞擺動彩帶。

㈣樂器合奏

1. 節奏樂器：幼兒利用各種不同的打擊樂器如：三角鐵、手搖鈴、響板、木魚，鈴鼓、雪鈴、鐵琴、木琴、大鼓、小鼓……等，隨著樂曲來敲擊。
2. 小小指揮家：幼兒可隨「幻想曲」影片中的指揮家斯托柯夫斯基來模仿指揮。

四、延伸活動

㈠參觀管風琴（可至台北市中正文化中心國家音樂廳或各大教堂，見附錄）。

㈡錄影帶或圖片欣賞管風琴（音樂或專門書店可購得）。

㈢琴之家族大集合。介紹鍵盤樂器：鋼琴、風琴、大鍵琴、管風琴、電子琴、口風琴。

㈣遊戲：

　　教材：1. 老師錄製鍵盤樂器之音樂（如：鋼琴、管風琴、風琴、電子琴、口風琴）。

　　　　　2. 製作鍵盤樂器之圖卡。

玩法：　1.將幼兒分成數組。

　　　　2.聆聽播放之鍵盤樂器之樂曲是由何種琴聲發出，而將圖卡
　　　　貼上。

　　　　3.正確完成的小組即獲勝。

五、作曲家簡介及創作緣由

㈠作曲家簡介

　　巴赫有著一個龐大的家族，他們大都獻身於音樂。當人們說到
「巴赫」而不附帶任何姓氏時，所指的就是約翰‧塞巴斯坦‧巴赫
（Johann Sebastian Bach）。而在今天他已被公認為「音樂之父」。他
是巴洛克音樂前、後期的代表性人物，於一六八五年生於德國。當時
德國正處於長期四分五裂的戰爭狀態下，民生凋零、百廢待舉，巴赫
十歲就成孤兒，而與他哥哥一起生活，由於其美妙的高音歌喉，而獲
得神學院的免費教育，學習小提琴、古鋼琴及風琴。他經常走很遠的
路去聽管風琴大師的演奏，並不斷地研究其他音樂家的作品和見解。

　　巴赫於一七〇七年娶了堂姊馬莉亞芭芭拉，這位熱愛音樂的太
太，帶給了巴赫一段極為幸福的歲月，可惜這幸福的婚姻僅維持了短
暫的十三年。愛妻病逝後，巴赫回到威瑪，擔任安斯特公爵的宮廷室
內樂演奏者，後來升為樂團首席。因安斯特公爵無論在藝術或學術
上，都有很高深的修養，所以巴赫在這個藝術氣息濃厚的威瑪城，孕
育出相當傑出的作品來，如「d 小調觸技與賦格曲」，此時期可說是
巴赫的管風琴曲黃金期。一九一七年，巴赫擔任柯登堡宮廷雷奧博親

王的樂隊指揮及室內樂團指揮，雷奧博親王十分喜好音樂，對巴赫非常敬重，使得巴赫無後顧之憂，因此寫了無數燦爛輝煌的器樂曲：如「六首布蘭登堡協奏曲」、「約翰受難曲」。此時是巴赫管弦樂的黃金時期。一九二一年巴赫再次迎娶女高音歌手阿娜馬大麗娜爲妻。巴赫爲了教育他的孩子學習音樂，寫了「鋼琴小品集」、「十二平均律鍵琴樂曲集」。一七二三年巴赫擔任萊比錫的聖湯瑪斯教堂樂長之職，寫了有名的「聖馬太受難曲」、「聖誕神劇」等，一七三六年巴赫被任命爲皇室宮廷作曲家，此時，創作了「b 小調彌撒曲」、「咖啡淸唱劇」等。一七四九年巴赫的視力衰退，經過一位英國眼科醫生的二次手術後，眼睛卻完全失明，於一七五〇年與世長辭。他的遺孀也未受到妥善的照料，貧困潦倒，死後被埋葬在乞丐公墓。

巴赫長年獻身於宗教音樂，在短短六十五年創作生涯中，產生無數偉大精深作品，是近代西洋音樂的鼻祖，有「音樂教父」的尊稱。

㈡創作緣由

d 小調觸技曲與賦格曲 BWV565 是巴赫管風琴曲裡最膾炙人口的名作，此曲創作於巴赫在威瑪擔任宮廷管風琴師的黃金時代，d 小調觸技曲與賦格曲使巴赫成爲聞名遐邇的管風琴演奏家。

第一部分「觸技曲」，一開始管風琴就產生強大威武的音響，令人驚嘆不已，接著又以回聲再現一次。在這裡，管風琴的豐富音響和演奏家的技巧都得到最大發揮。第二部分「賦格曲」，開始演奏精彩的對位旋律，接下來音響更爲絢爛深厚，躍入令人屏息的興奮中。最後又回到開頭的觸技曲部分，並戲劇化結束。

巴赫在二十四歲時就完成觸技曲與賦格曲，這首曲子是流傳最廣的巴赫作品之一，曾有多種不同版本的改編。在迪士尼的卡通電影

《幻想曲》裡，採用指揮家斯托柯夫斯基的編曲作為電影插曲，更是眾所知悉。

 六、參考資料

1. 光復書局編輯部（民 86 年），經典音樂家列傳，台北市：光復書局。

2. 羅蘭‧維儂著，陳蕙慧譯（民 84 年），進入作曲家的世界——巴哈，台北市：台灣麥克。

3. 郭乃惇、楊麗仙合著（民 72 年），音樂之父——巴哈，台北市：橄欖文化。

4. Tim Dowley 著，潘罡譯（民 81 年），音樂圖像系列 1——約翰‧瑟巴斯情‧巴哈，台北市：萬象圖書。

5. Neil Ardley 著，陳蕙慧譯（民 84 年），打開音樂之門，台北市：台灣麥克。

6. 黃景輝著（民 81 年），音樂圖像系列——巴赫，台北：萬象圖書。

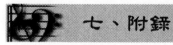 **七、附錄**

下列為台灣的管風琴，依來台時間所列的簡表，

製造年代	地　　　　點	造　琴　者	音栓數
1880	東海大學體育館（1964-74） 台南太境教會（1978）	Hook and Hastings	21
1880 (約)	台南神學院（1964-97）	William M. Wilson	15
1890	台北浸信會神學院（1971-97）	Muller	8
1895	台灣神學院（1977/8）	George Kilgen & Son	16
1984	台北城中長老教會	Koberle	12
1984	新竹聖經書院	Koberle	6
1985	台北雙連長老教會	Kleuker	18
1986/7	國家音樂廳	Flentrop	57
1988	東吳大學安素堂	Koberle	13
1988	台中聖教會	Koberle	13
1991	板橋長老教會	Koberle	11
1992	台中水湳浸信會	Koberle	14
1993.3	淡江中學禮堂	Reuter	12
1993.3	台灣神學院音樂教室（練習琴）	Reuter	5
1996	關渡蔡老師	Pels & Van Leeuwen	8
1997.6	台南神學院禮拜堂	Karl Schuke	13
1997.6	台南神學院頌音堂（練習琴）	Karl Schuke	8
1996	淡水真耶穌教會	Pels & Van Leeuwen	17
1997.11	淡水工商管理學院大禮拜堂	Pels & Van Leeuwen	45
1997.11	淡水工商管理學院小禮拜堂	Pels & Van Leeuwen	12
1998.12	台中柳原教會	Pels & Van Leeuwen	17

另外，目前決定置琴的教會有：

景美浸信會，造琴者：Johannes Klais，音栓數：24

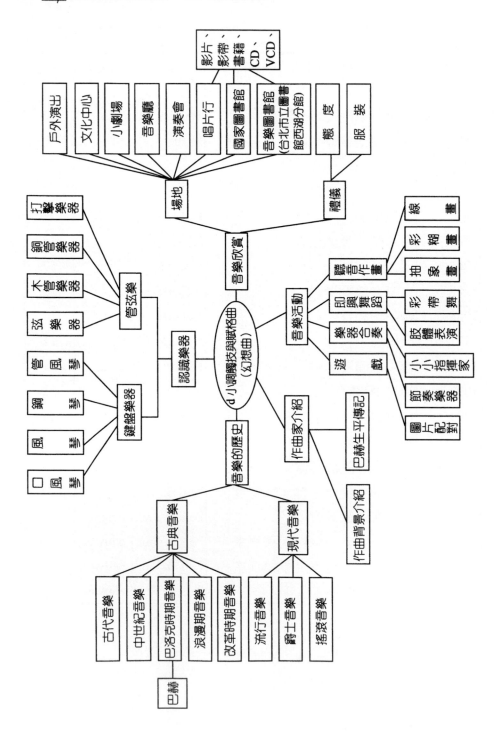

您也可以自己製作主題網!

聖誕神劇
巴赫㈡

曲目：聖誕神劇　　　　　　　　　　　文：陸小瑩

一、教學目標

㈠認識聖誕節的由來。

㈡知道宗教音樂的背景。

㈢增進幼兒對歌唱的興趣。

㈣培養幼兒欣賞歌劇的基本能力。

㈤積極主動參與聖誕節慶祝活動。

二、教學引導

㈠欣賞聖誕節街景布置。

㈡兒歌：「聖誕夜」。

　　高高樹上一顆星，閃閃發光亮晶晶，睜亮我的小眼睛，等著天使報佳音。

三、故事介紹：聖誕神劇

這首描述聖誕節的故事，是大文豪戈斯培根，取材自路加福音二章一至二十一節及馬太二章一至十二節，而由巴赫改寫得更爲完美高貴。

這齣神劇寫於一七三四年，是由六首教會清唱劇所組成。全曲共分爲六部（共有六十四曲）。一七三四年的聖誕節第一次公演，分別在萊比錫的聖尼古拉及聖托馬斯教堂同時演出。一連演了六天，從聖誕節起三天，加上新年當天還有其中的主日，直到主顯節爲止。

六天的節目及演出內容分別如下：

第一部：聖誕節第一日（十二月二十五日演唱，共九首）：描寫因耶穌的降生，到處充滿喜悅、歡呼之聲。

第二部：聖誕節第二日（十二月二十六日演唱，共十四首）：描寫牧人看守羊群，有天使來報佳音，告之聖嬰已降生馬槽。

第三部：聖誕節第三日（十二月二十七日演唱，共十二曲）：描寫牧人朝拜聖嬰後，廣傳好消息給眾人，並歌頌榮耀救主爲我們而生。

第四部：新年當天（元旦禮拜時候唱，共七曲）：描寫上帝的獨生愛子，爲救世人出罪惡而降生。因此取名爲「耶穌」（即救世主）。

第五部：新年後第一個禮拜天（共十一首）：描寫東方博士往伯利恒尋找那剛生下來的聖嬰。

第六部：耶穌顯現節（元月六日演唱，共十一首）：描寫博士獻上禮物，朝拜聖嬰。

聖誕節的故事由報佳音者以宣敘調敘述出來，而由其他一、二位

角色（如希律王、天使）加以解說，不過這些都是清劇間相連結的形式而已。這齣神劇，音樂（抒情調、宣敘調、合唱及聖詠）的光輝凌駕戲劇之上（全曲聲樂及器樂欣賞請參考附錄）。

四、聲樂介紹

㈠獨唱

獨自一人的演唱，伴奏與否視樂曲種類而決定。

㈡齊唱

同一旋律由二人以上唱出，是強調旋律時常使用的手法。

㈢重唱

不同的旋律分別由不同的人同時唱出，如二重唱、三重唱、四重唱、五重唱。

㈣合唱

二聲部以上不同的旋律由不同的人群所唱出，包括以下的形式：

1. 同聲合唱──只有女聲或只有男聲的單聲部合唱。
   女聲合唱：女聲二部、女聲三部、女聲四部。
   男聲合唱：男聲二部、男聲三部、男聲四部。
2. 混聲合唱──男聲與女聲同時合唱，如混聲二部、混聲三部、混聲四部。

五、神劇介紹

　　神劇（Oratorio）也譯作「聖劇」，十七世紀初期與歌劇、清唱劇，同時在義大利產生。三者的最大區別是歌劇有化裝表演，而神劇和清唱劇則只有聲樂和器樂的配合，沒有舞台的動作、道具、布景等。神劇始終以宗教題材為主。音樂方面，神劇和歌劇規模都是相當龐大的，有巨型管弦的序曲，人數眾多的大合唱、獨唱、重唱等。

　　巴赫以「神劇」為標題的作品有三部：《聖誕神劇》、《復活神劇》、《升天神劇》。實際上這三部作品都不是真正的神劇形式，而是數個「清唱劇」的連續演奏，譬如出名的《聖誕神劇》，實際上只是一七三四年為聖誕節所作六個清唱劇的連續，也就是聖誕節連接三天、新年、主顯節及其間主日禮拜用曲，但是巴赫連結得天衣無縫，當作大型的「神劇」來欣賞，顯然給人更大的精神滿足。

 ## 六、欣賞演唱會的禮貌

　　不僅保持肅靜，專心聆聽，還應遵守：

　　㈠不可遲到，萬一遲到，一定要等到一個節目完畢時，再進場。

　　㈡不論節目好壞，都要安靜，不可講話或吃東西。

　　㈢演唱進行時，不可離席走動，並避免咳嗽聲。

　　㈣一個節目完畢時，不論演唱者的表現如何，一定要拍手表示讚賞。

㈤節目進行全部完畢後，爲了表示對演唱者的尊敬，可以再次的拍手，甚至於要求「安可」（再來一次表演），但不可過分以免影響演唱者的情緒。

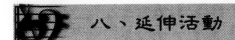

七、歌唱擂台（親子歌唱擂台）

㈠獨唱：小朋友獨唱，家長或老師敲擊樂器伴奏。

㈡輪唱：將小朋友分成若干組，採卡儂或說白節奏方式進行。

㈢接唱：小朋友分成若干組，由老師指揮，接唱兒歌。

㈣合唱：組成班級合唱團演出：「平安夜」、「聖誕鈴聲」、「聖誕老人」、「踏雪尋梅」……等歌曲。

八、延伸活動

舉辦慶祝活動：

㈠布置教室，聖誕樹及慶祝會場。

㈡舉行化裝舞會。

㈢戲劇表演。

㈣交換禮物。

㈤拜訪教堂、安老院、喜憨兒麵包店……等。

九、附錄

第一部　聖誕節的第一日

Nr.1 一開始由四聲鼓聲戲劇性地展開了巴赫的合唱中最動人心弦的樂章——由 D 大調合唱配合燦爛輝煌的喇叭，奏出反覆形式的音階，表達出聖誕節那難以形容的喜悅氣氛。

Nr.2 在上一段合唱報完佳音後，緊跟著男高音道出了底下這段宣敘調，說明聖嬰降生前的背景以及聖經預言的應驗。

Nr.3 接著由女低音唱出一段以兩支柔音管伴奏的宣敘調來。

Nr.4 歌唱者提醒錫安的女子，準備好以迎接新郎。在柔音管（似雙簧管）及小提琴的伴奏下，歌者唱出了這段充滿信心的反覆形式的抒情調，是一首極美的獨唱曲。

Nr.5 這是緊接前曲的一首直接敘述的、簡單的聖詠，表達到耶穌降世的殷切盼望。

Nr.6 合唱曲唱完之後，報佳音者繼續敘述故事。

Nr.7 由一段段小小的「交響樂」引導出另一首著名的合唱曲調的第一樂節，由女高音群以齊唱方式唱出：「祂為我們降生，祂自貧苦卑微中出生。」此時男低音獨唱突然打斷，問到：「誰能讚美主的愛恰到好處？」如此方式被反覆了若干次。

Nr.8 莊嚴華麗的男低音，以渾厚的抒情調，配合著反應靈敏、精湛技巧的喇叭，唱出偉大的主將以卑微的身分降生。

Nr.9 巴赫以這首精簡合適的聖詠伴以鼓、喇叭等，再一次帶上了

另一次的合唱高潮，令人不自覺留下深刻印象。而結束了第一部分。

第二部 聖誕節的第二天

Nr.1 這首田園風的交響曲是這齣神劇中最著名的部分之一，由平靜織巧的三部小曲配上了柔音管與獵管的獨奏，描畫出「牧羊人在曠野，夜間看守著羊群」生動的一幅圖畫。

Nr.2 這是報佳音者所敘述當時在曠野的情景。伴以數人低音。

Nr.3 以合唱方式告訴牧羊人，勿驚怕。

Nr.4 聖誕節故事繼續以宣敘調發展下去。天使（女高音）唱出了救世主降生的信息。

Nr.5 接著由許多樂器伴奏的男低音宣告神的應許今日已實現。

Nr.6 由優美的男高音，伴以長笛助奏的抒情調，催促著牧羊人快去朝見新生的嬰孩。

Nr.7 天使以一段宣敘調提示牧羊人。

Nr.8 一段簡短的合唱，讚美嬰孩。

Nr.9 此首由男低音所唱出的宣敘調，再次催促牧羊人快到馬槽，朝見嬰孩。

Nr.10 這是一首十分聞名的女低音催眠曲。它那輕柔宣洩而出的旋律，深刻地描繪出聖母注視聖嬰的情景以及那崇高的母愛。

Nr.11 報佳音者繼續宣告，天軍要讚美上帝。

Nr.12 天軍合唱讚美之內容。

Nr.13 男低音宣告說天使正在讚美主。

Nr.14 緊接著展開了一首龐大壯麗的合唱曲，在合唱旋律的歌節之間，加入了由管樂器所吹奏出的迷人樂句。

第三部　聖誕節的第三天

Nr.1　樂曲再次返回了一開始時的壯大合唱，和個性外向的 D 大調，表明了牧羊人朝見聖嬰後，回到他們本地去傳揚並讚美主。

Nr.2　男高音在描述著牧羊人如何地在討論著剛才所發生的不平凡遭遇。

Nr.3　然後，他們彼此勸說當往伯利恒去，親眼見聖嬰，此時音樂中充滿了壓迫感，由長笛和小提琴奏出同音，激昂奔騰地伴奏著。

Nr.4　男低音述說著上帝如何救贖祂的百姓。其中再加入了以柔美的音襯托出舒暢的歌詞。

Nr.5　緊接一段簡潔壯大的合唱讚美詩。結束時的歌調，採用了彌撒慈悲經中人所熟習的開頭語。

Nr.6　迷人的男女二重唱，由二支柔音管伴奏，讚美主的憐憫與恩典，充滿著清新且令人感動的氣息。

Nr.7　男高音在此首宣敘調中描述牧羊人尋見聖嬰，並告天使之言。

Nr.8　這首獨唱的抒情調配上優美的小提琴獨奏，彷彿在描繪瑪莉亞對嬰孩降生所產生的冥想。

Nr.9　與前曲是一脈相連。以同樣的聲調表達瑪莉亞以喜悅的信心接受神的應許。

Nr.10　緊接地唱了一段簡單聖潔的讚美詩。

參考資料

1. 郭乃惇主編（民 88 年），聖誕神劇——巴哈，台北市：綠洲傳播。

2. 音樂之友社編，林勝儀譯（民 89 年），J. S. 巴赫，台北市：美樂。

3. 劉文六（民 69 年），國民小學音樂欣賞教學研究，台北：鹿鳴。

4. 李振邦（民 68 年），宗教音樂，台北市：天主教教務協進會。

5. 聖誕神劇（CD），台北：韻順唱片公司。

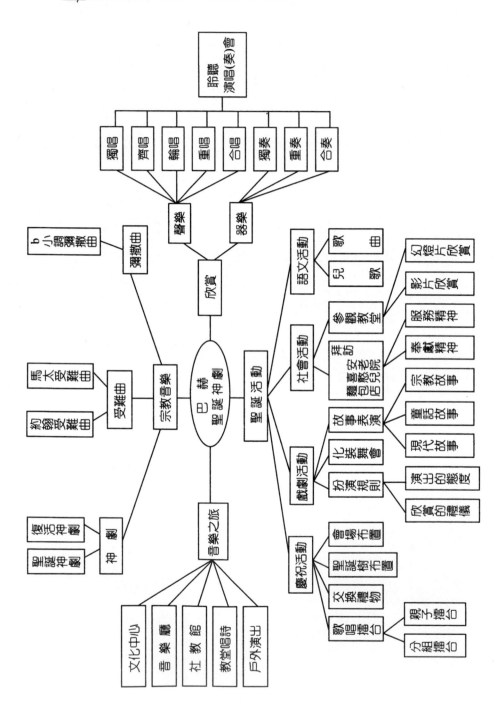

您也可以自己製作主題網！

鋼琴音樂家
蕭邦

曲目：小狗圓舞曲　　　　　　　　　　　　文：游寒冰

一、教學目標

㈠培養幼兒對古典音樂欣賞的能力。

㈡增進幼兒生活品質，對音樂的喜歡。

㈢認識狗的型態，了解其特徵。

㈣知道狗和人類的關係。

㈤養成愛護小動物的好習慣。

㈥啓發創作潛能，增加表現能力。

二、教學內容與設計

㈠引導方式

1. 請家中有飼養狗的小朋友帶狗來且說出經驗。

2.展示各種品種的狗圖片和書籍。

3.準備各種款式的鋼琴圖片及其主要功用。

4.觀賞《一○一忠狗》卡通影片。

㈡討論發表

1.介紹音樂家蕭邦的生平。欣賞蕭邦的「小狗圓舞曲」錄音帶或CD。

2.參觀寵物店，討論狗的型態。

3.參觀動物醫院，了解狗的習性特徵，討論如何愛護、飼養狗。

㈢展示

1.各種鋼琴的圖片。

2.狗的圖卡和書籍。

㈣語文

1.故事：

　⑴《我是這樣長大的1小狗》（上誼）。

　⑵《小狗狗長大了》（親親自然）。

　⑶《我和我家附近的野狗》（信誼）。

　⑷蕭邦的故事（參考本文生平部分）。

2.童謠：哈巴狗。

㈤音樂律動

1.教唱「哈巴狗」。

2.聆聽鋼琴，分辨「高、中、低」音，節奏「快、慢」，還有「大、小」聲，幼兒聽音自由發揮動作。

*3.*欣賞「小狗圓舞曲」時，幼兒隨旋律模仿小狗的動作。

㈥工作

*1.*摺紙工：小狗的頭。

*2.*畫圖：我喜歡的狗。

*3.*製作狗面具。

*4.*立體工：狗。

㈦戶外教學

*1.*參觀樂器行，聆聽不同型號的鋼鐵音量和音色。

*2.*寵物店觀看各種不一樣的狗。

*3.*到動物醫院了解狗的習性。

🎵 三、作曲家簡介

　　蕭邦（Frederic Chopin）於一八一○年三月一日生於波蘭華沙西部一個名叫吉拉索瓦‧窩拉的小村莊裡，卻不是純粹的波蘭人。他的父親是法國人，母親是波蘭人，父親在高中擔任法文老師，母親受過良好的教育且酷愛音樂，他們是喜愛音樂又慈祥的雙親。

　　蕭邦從小就展露他的才華，在他四歲時，比蕭邦年長三歲的**姊姊**會教他一些簡單的曲子，但是他進步太快，姊姊已無法勝任，接著**換母親來教他**。在他六歲時，父親特地為他尋找了一位老師基夫尼，基夫尼是一位負責、能幹的老師，他帶領蕭邦進入音樂的廣大領域，讓他認識了巴赫、莫札特的作品，也鼓勵他探索一些維也納作曲家的作

品，經由基夫尼老師的指導，蕭邦在音樂方面奠定了穩固的基礎。

蕭邦在基夫尼老師的啓蒙下，不知不覺走上音樂家的路途。因爲蕭邦進步神速，所以基夫尼就向蕭邦的父親推薦波蘭最好的音樂家約瑟‧艾斯先生，於是蕭邦就開始跟約瑟‧艾斯學習，十六歲的蕭邦進入華沙音樂學院，在那裡繼續接受約瑟‧艾斯老師的指導。一八二九年的夏天，蕭邦帶著老師給他的評語：「極具傑出的才能及音樂的天才」畢業。蕭邦對自己充滿信心，通過畢業考試以後，蕭邦爲了磨練自己做爲音樂家的才能，就決定前往音樂之都──奧地利的維也納。

蕭邦在離開華沙時，同學們用一個銀質的酒杯裡面裝著波蘭的泥土送給他，希望他不要忘了祖國波蘭，此泥土成了蕭邦最寶貴的禮物，密藏在旅行袋的最裡層，也成了往後在異鄉流浪的好伴侶。

華沙民眾爲了反抗俄國而發動革命，在波蘭的戰爭，一天比一天激烈，波蘭被強國瓜分，奧地利也加入瓜分的行列，此時的維也納市民對波蘭日漸冷漠，熱情的貴族不再關心蕭邦，輕快的華爾滋取而代之。蕭邦不能開演奏會，也沒有人願意出版他的作品，在這段不順的日子裡，他決心離開維也納去巴黎。

在巴黎蕭邦認識一些愛好音樂的朋友，也結交不少的文學家，其中一位便是非常奇特且具有色彩的名女作家喬治桑。那首名叫「小狗圓舞曲」的可愛作品，是蕭邦看到喬治桑的小狗追逐著自己的尾巴而團團轉的模樣，所作出來的曲子。

俄軍侵入華沙，據說許多房屋被燒，親朋好友都如何？蕭邦想得要發狂，徹夜未眠的情形下，他完成了「革命練習曲」。蕭邦曾說：「波蘭人真正的喜悅、悲哀，只有波蘭人能理解；而波蘭人的音樂風格，也只有波蘭人能表現出來。」當李斯特、希爾勒和蕭邦分別彈奏波蘭舞曲「波蘭不滅」時，在蕭邦彈完後，令在旁之人折服於他的說

法。

　　享年三十九歲的蕭邦，在遺體上撒上十九年前他從華沙出發時朋友贈送的波蘭泥土，長眠於巴黎，但他的心臟則依照他的遺囑被放在黃金的壺裡，帶回波蘭。一生執著於鋼琴音樂的蕭邦，也是愛國志士，他的音樂中所特有的波蘭色彩，已跨越時空，爲全世界廣爲流傳。他對祖國的情結，以及震撼人心的「革命練習曲」，更是成爲波蘭人民爭取自由的象徵，鼓舞波蘭人民澎湃熱情的原動力。蕭邦寫過無數動人的樂曲，而他演奏鋼琴的高超技巧，更是讓人佩服不已。

🎵 四、參考資料

一、朱秀貞改寫（民 80 年），偉大故事叢書 5 藝術家故事，台北市：大眾書局。

二、黃明山執行總編（民 74 年），中國兒童故事百科全書 6，嘉義市：明山書局。

三、古典音樂 CD 百科──蕭邦鋼琴音樂經典，台北市：迪茂。

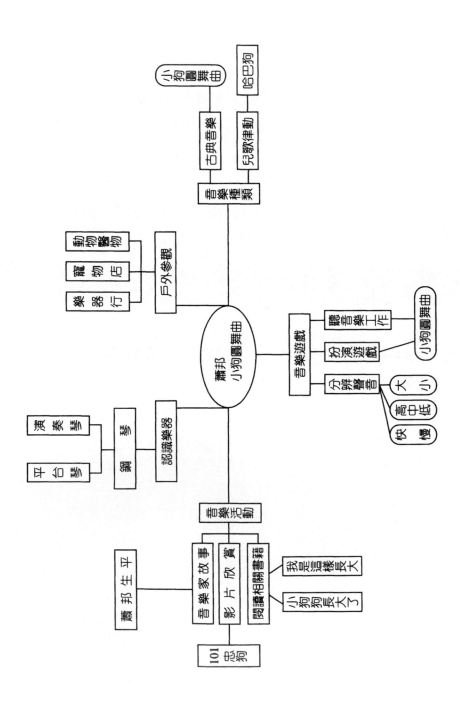

您也可以自己製作主題網！

美國民謠之父
福斯特

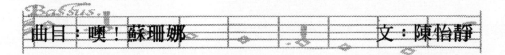

曲目：噢！蘇珊娜　　　　　　　　文：陳怡靜

一、教學目標

㈠培養幼兒能尊重他人的生活態度。

㈡啓發幼兒對音樂的表現能力。

㈢增廣幼兒知識，擴充生活經驗。

㈣啓發幼兒語言的潛能。

二、教學引導

㈠準備世界地圖、地球儀、美國地圖、各國風景照片。

㈡「噢！蘇珊娜」及代表各國情調的音樂錄音帶。

㈢準備各國國旗圖片。

三、教學設計與內容

活動一：姓名樂透

1. 說故事——先問小朋友是否有英文名字？帶一個外國洋娃娃，介紹她叫作 蘇珊娜（Susanna），依歌詞的內容，編一個故事，並教小朋友唱這首歌。

2. 幫小朋友取個英文名字，並製作姓名卡。

3. 讓幼兒自行製作名片，可互相交換。

活動二：環遊世界

1. 展示美國地圖、風景照片，並指出福斯特的故鄉——賓州，及阿拉巴馬州、路易斯安那州的地理位置，也可以介紹一些美國名勝，例如：迪士尼樂園、自由女神像……。

2. 展示地球儀、世界地圖或景物圖片，告訴幼兒地球是我們居住的星球，有許多國家及不同人種，並問小朋友有出國的經驗嗎？去過哪些國家或聽過哪些國家名？請小朋友帶出國旅遊的照片，或外國景物圖片、明信片或紀念品到校展示。

3. 改編歌曲——介紹各國風物後，以「噢！蘇珊娜」的曲調來唱改編歌，例如：「我來自『寶島台灣』，帶著『香蕉』走他鄉，

我遠去『澳大利亞』，尋求『可愛無尾熊』。

噢！○○○，你要不要一起去？……」

可邊唱邊玩搭火車的遊戲，或是在角落插各國國旗，要去某國就

開到特定角落去。

活動三：童謠大會串

1. 老師介紹各國音樂、童謠，或是可以代表各國的歌曲，例如：噢！蘇珊娜（美國）、多多龍龍貓主題曲（日本）、倫敦鐵橋垮下來（英國）、丟丟銅（台灣）、桑塔路其亞（義大利）……。

2. 各國民謠及國旗配對遊戲……製作各國國旗一式多份，先分組，每組各拿不同國家國旗圖卡，聽到和手中國旗相符的歌曲，就高舉搖晃國旗；熟悉玩法後，讓每位幼兒各拿一國旗，玩法同前。

3. 老師哼「啦！啦……」旋律讓幼兒猜，或由某生哼讓大家猜。

活動四：世界博覽會

1. 可配合週末活動或節慶大活動舉辦；請家長協助將孩子打扮成各國小孩，例如：日本區可作和服打扮、掛鯉魚旗、賣壽司；美國區可扮麥當勞叔叔或西部牛仔；英國區可作西裝打扮，賣餅乾下午茶；台灣區可作長袍馬褂、瓜皮小帽、斗笠農夫裝，或平時打扮皆可，提供豆花或涼圓等小吃。

2. 會場撥放各國音樂，並請別班小朋友參加；派出幾名幼兒當解說員，介紹各國最有特色的特產或風景。

四、作曲家簡介

　　一八二六年七月四日，史蒂芬・柯林思・福斯特在美國賓州的匹茲堡附近一個小鎮上誕生了。他是家中的第九個孩子，姊姊們都很喜

愛音樂，這對他影響很大，所以，他在很小的時候，已經能以長笛、鋼琴演奏優美的旋律了。後來拜師學音樂，對於莫札特、貝多芬、韋伯的曲子更是著迷。儘管福斯特這麼熱中於音樂的研究，但他的父親並不高興，因爲在當時靠音樂是沒辦法維生的；不過，誰也沒想到他竟成爲一位家喻戶曉的作曲家。

　　福斯特的作品中，出現過許多河流的名稱，也有許多女孩子的名字，而實際上，他並不全都認識這些河流或女孩子，只是借用這些名字，描寫想像中的情境。他也常常帶著書本和鉛筆，到離家不遠的小河邊，沿著河邊的樹林或山崗，一邊散步一邊沉思，樹葉的沙沙聲、小鳥的啾啾聲、小河的流水聲，編織出動聽的交響樂，在感受力很強的福斯特耳裡，成爲一曲曲美妙的樂章，他常把嘴噘起來，用口哨吹出心中的旋律，一旦滿意，便用鋼琴譜曲，然後再尋找能配合的歌詞，作成一首動聽的歌曲。

　　福斯特的歌曲旋律簡潔流利，和聲容易，常被選爲國中、小音樂課本的歌曲。他最常寫的題材，有描寫黑人生活，加進黑人的方言，如「夢」；也有反映內戰前的農人生活，如「桑尼河」；還有寫遠方遊子的思鄉情懷，如「肯塔基的老家鄉」。另外還有一些沉痛悲哀的離別歌、悼歌，如「馬薩永眠黃泉下」；當然，也有表現歡娛的歌曲，如「美麗的夢仙」。

五、參考書目

1. 小牛頓一八三期（15週年慶特輯——地球村之旅）（民88年5月），台北市：牛頓多媒體。

2.聯廣編輯室（民74年），福斯特：美國民謠之父，台北市：聯廣圖
　書。

噢！蘇珊娜

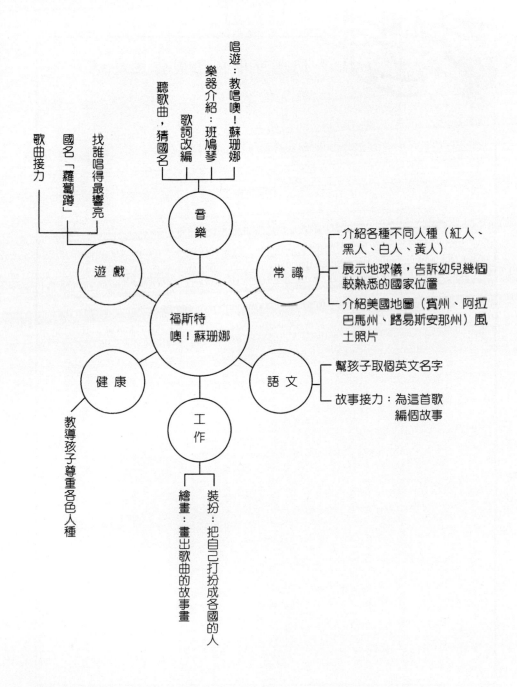

音樂
　唱遊：教唱噢！蘇珊娜
　樂器介紹：班鳩琴
　歌詞改編
　聽歌曲，猜國名

遊戲
　找誰唱得最響亮
　國名「蘿蔔蹲」
　歌曲接力

福斯特
噢！蘇珊娜

常識
　介紹各種不同人種（紅人、黑人、白人、黃人）
　展示地球儀，告訴幼兒幾個較熟悉的國家位置
　介紹美國地圖（賓州、阿拉巴馬州、路易斯安那州）風土照片

語文
　幫孩子取個英文名字
　故事接力：為這首歌編個故事

健康
　教導孩子尊重各色人種

工作
　裝扮：把自己打扮成各國的人
　繪畫：畫出歌曲的故事畫

您也可以自己製作主題網！

交響樂之父

海頓

曲目：驚愕交響曲　　　　　　　　　　　　文：李淳靖

 一、教學目標

㈠開發右腦潛能，提升大腦功能。

㈡發展幼兒音樂欣賞的能力。

㈢促進幼兒生活品質和學習效果。

二、教學引導

㈠嚇你一跳

　　欣賞海頓「驚愕交響曲」音樂。

㈡幽默一下

　　講述海頓的故事（參考光復書局《經典音樂家列傳4：海頓》），

體會海頓的幽默及喜劇性的玩笑。

㈢小小合奏

運用身體樂器及打擊樂器、克難樂器演奏「驚愕交響曲」。

三、教學設計與內容

㈠嚇你一跳

準備大鼓、定音鼓、鈸、大餅乾盒……等，能發出巨大音效的樂器或物品，在自由工作時（或任何輕鬆時間）放音樂欣賞「驚愕交響曲」。在強音驚愕處用「身體樂器——踏腳」、「自製樂器——餅乾盒」、「打擊樂器——大鼓、定音鼓、鈸」來拍打出重拍，製造效果及引起幼生的注意、疑問、模仿。可以自由讓幼生嘗試運用身體樂器及打擊樂器、自製樂器演奏「驚愕交響曲」。

㈡幽默一下

討論這首曲子為什麼這麼有趣？幼生可以先行發表自己的看法，或是運用想像力，想像其各種可能性！老師再完整地講述海頓的故事。

㈢小小合奏

運用身體樂器及打擊樂器、自製樂器大家一起演奏「驚愕交響曲」。

　1.身體樂器：配合音樂，和著節拍。

⑴從頭到尾在一、三拍處用手拍。

⑵強音驚愕處用腳踏。

2.打擊樂器：

⑴從頭到尾在一、三拍處用砂鈴。

　砂鈴是在木製空心球中裝入鐵砂或小珠子，急速搖動，可發出
　細碎的斷奏音，是拉丁美洲傳統樂器。

⑵強音驚愕處用銅鈸。

　銅鈸是由兩片黃銅片相互撞擊而發聲的樂器，音色明快強烈，
　有震撼的效果。

3.自製樂器：

⑴從頭到尾在一、三拍處用自製砂鈴。

　自製砂鈴：將綠豆或小鈕釦等裝在瓶罐中，封住罐口，左右甩
　動，便可發出「恰恰」的音色，就是一個自製的砂鈴哦！

⑵強音驚愕處用鑼。

　自製鑼：在餅乾盒蓋的邊緣打一個洞，用線綁起來，一手拿線，
　一手用棒槌敲擊，就是一個自製的鑼。

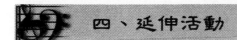

四、延伸活動

　　要求孩子把聽到的聲音用圖形來表示，包含快與慢、大小聲、高
和低、音色之變化、旋律的起伏……畫下來後，可以配合身體樂器及
打擊樂器、克難樂器敲敲看，等熟悉了各種符號的表現方式再配上音
樂，等到樂器與樂曲都配合得很好時，即成為即興的曲譜；再演出一
場酷酷的「小小音樂會」。

音樂圖形舉例

1. 由小朋友自創音樂圖形，代表全音符、二分音符、四分音符；或是代表強拍、弱拍；或是代表的動作、樂器。例如：○是拍膝（或砂鈴），。是拍手（或三角鐵），★是踏腳＋全部一起拍（或大鼓）。

○	。	○	。
○	。	○	。
○	。	○	。
○	。	○	★

2. →是拍膝（或砂鈴），·是拍手（或三角鐵），★是踏腳＋全部一起拍（或大鼓）。

→·→·　→·→·　→·→·　→·→·
→·→·　→·→·　→·→·　→·→★

五、作曲家簡介及創作緣由

㈠作曲家簡介

　　海頓的一生與其他的音樂家相比較，稱得上是一帆風順。於西元一七三二年三月三十一日，誕生在奧地利南部的羅勞村。海頓的父親是農村修理馬車的工匠，也是一位農民音樂家，天生一副好嗓子；母

親是貴族家裡的廚娘，他們總共育有十二個子女。海頓生活的地方有克羅埃西亞人、匈牙利人、塞爾維亞人、斯拉夫人和吉普賽人等，都是能歌善舞的民族。他們用豐富多彩的歌舞和音樂，表達內心的快樂和憂愁、悲傷和幸福，無論在田野、草坡、河邊或大樹下，到處都能看到他們優美的舞姿，聽見動人的歌聲和悠揚的琴聲。海頓在這種音樂環境下受到薰陶，從小便對音樂產生濃厚的興趣。他欣賞小河泉水奔流的潺潺聲，樹枝搖動的沙沙聲，淅瀝輕柔的細雨聲，嘹亮悅耳的山鳥啼鳴，大自然的音樂注入他的心靈，撥動他的心弦，形成了海頓最初的協奏曲。

少年時期的海頓憑藉優美歌喉，入選史蒂芬大教堂合唱團，並有機會進入宮殿演唱。因爲變聲的尷尬而遭女皇當面怒斥，被迫淪落市街，靠演奏小提琴爲生。最後得到貴人賞賜進入侯爵宮廷樂隊服務。海頓的樂曲以靈活多變的管弦樂配置，開創了維也納古典時期的新風格音樂。寓意深刻而不失幽默的「告別交響曲」，惡作劇的「驚愕交響曲」，悠長柔和的「皇帝四重奏」，以及莊嚴的《創世紀》清唱神劇，展現全方位的作曲風格。

他待人親切，性格快活而樂天知命，對宗教與藝術有著熱忱的信仰。他在艾斯特哈希侯爵官邸擔任宮廷樂長兼作曲家，長達三十年之久，經常舉行管弦樂和室內樂的演奏，也爲教堂中的禮拜儀式彈奏宗教音樂。他的歌劇也在劇院內上演，還有爲數驚人的交響曲、協奏曲、獨奏曲、神劇等。所以他雖然遠在匈牙利鄉鎮間的王府宮邸，但他的名聲卻早就傳遍了整個歐洲。

海頓在自己創作最圓熟豐盛的年歲裡，依然孜孜不倦地學習，更顯示他超凡的人格和崇高的音樂境界，竟是如此相得益彰。

海頓和莫札特兩人共同攜手奠定了古典時期的音樂風格，如果說

莫札特是天才型的作曲家，那麼海頓則是屬於踏實型的，他始終努力向上、樂觀進取，就像他的音樂典雅高貴、無懈可擊。

㈡創作緣由

「驚愕交響曲」有一個廣為人知的故事，其中的第二樂章更因此著名於世。聽音樂會是古代王公貴族紳士淑女們的一種社交禮儀，各個皇室貴族不論是否喜歡音樂，為了面子，都要出席音樂會，所以在倫敦的音樂會上，演奏會正式開始之後，悠揚、美妙的樂音縈繞整個會場，輕快、愉悅的第一樂章奏完之後，音樂進入到第二樂章徐緩幽靜的樂段時，每個人都閉起眼睛，有的是陶醉在柔美的音樂中，但也有人忍不住開始打盹。向來幽默的海頓，看到貴族打瞌睡的情形，想了一個妙計，決定來和觀眾開個小玩笑。這首交響曲的第二樂章，在靜謐安詳的曲調中突然響起強有力的和弦和鼓聲，使聆聽者為之震驚。那些正在睡夢中的貴族們，都被這突如其來的聲音驚醒了。「發生了什麼事？」「咦！怎麼回事？」但是當他們看到舞台上的樂隊仍在演奏，根本沒有發生什麼事情，大家才恍然大悟，原來是幽默的海頓跟他們開的玩笑。

第二樂章：行板，C大調，二二拍子，變奏曲式。簡潔明快的主題先從弱音開始，隨後更為沉靜。然而，頃刻之間，出人意料地響起強有力的和弦和定音鼓的顫音，爆發成雄壯輕快的總奏。不久因音樂若無其事地經過四次優美的變奏後，又在安詳寧靜的氣氛中結束。從此這首曲子就叫做「驚愕交響曲」，而且最為人稱道。

六、參考書目

1. 光復書局編輯部（民85年），經典音樂家列傳，台北市：光復書局。

2. 尼爾・巴特沃斯著，賴慈芸譯（民84年），偉大作曲家群像——海頓，台北市：智庫文化。

3. 趙震編譯（民86年），名曲的故事，台北市：志文。

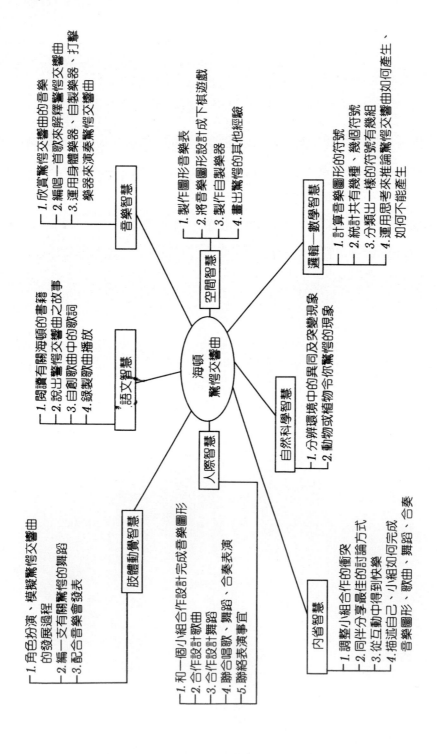

音樂智慧
1. 欣賞有關海頓的音樂
2. 編唱一首歌來解釋驚愕交響曲
3. 運用身體樂器、自製樂器、打擊樂器來演奏驚愕交響曲

空間智慧
1. 製作圖形音樂表
2. 將音樂圖形設計成下棋遊戲
3. 製作自製樂器
4. 畫出驚愕的其他經驗

邏輯─數學智慧
1. 計算音樂圖形的符號
2. 統計共有幾種、幾個符號
3. 分類出一樣的符號有幾組
4. 運用思考來推論驚愕交響曲如何產生、如何不能產生

語文智慧
1. 閱讀有關海頓的書籍
2. 說出驚愕交響曲之故事
3. 自創歌曲中的歌詞
4. 錄製歌曲播放

海頓
驚愕交響曲

自然科學智慧
1. 分辨環境中的異同及突變現象
2. 動物或植物令你驚愕的現象

肢體動覺智慧
1. 角色扮演、模擬驚愕交響曲的發展過程
2. 編一支有關驚愕的舞蹈
3. 配合音樂會發表

人際智慧
1. 和一個小組合作設計完成音樂圖形
2. 合作設計歌曲
3. 合作設計舞蹈
4. 聯合唱歌、舞蹈、合奏表演
5. 聯絡表演事宜

內省智慧
1. 調整小組合作的衝突
2. 同伴分享最佳的討論方式
3. 從互動中得到快樂
4. 描述自己、小組如何完成音樂圖形、歌曲、舞蹈、合奏

您也可以自己製作主題網！

芭蕾音樂家
柴可夫斯基

曲目：胡桃鉗　　　　　　　　　　　　文：黃金鳳

一、教學目標

㈠引導小朋友認識音樂家。

㈡培養小朋友們音樂欣賞。

㈢培養小朋友們認識樂器。

二、教學引導

㈠利用錄影帶讓小朋友觀看。

㈡利用 CD 讓小朋友們欣賞音樂。

㈢讓小朋友們看圖形，學習敲打樂器。

三、教學設計與內容

㈠首先老師可以先播放《胡桃鉗》的錄影帶給小朋友們觀賞，看完後
大家一起討論《胡桃鉗》故事的背景及內容。

㈡接著老師再請小朋友們欣賞 CD 或錄音帶，在欣賞同時，可引導小
朋友們做音樂圖形遊戲，讓小朋友們體會音樂的樂趣。

㈢音樂與圖形遊戲：當小朋友們聽音樂時，會感覺出它所包含的快與
慢、大小聲、高和低及音色的變化，或是旋律的起伏……老師可拿
出一張紙和筆，請小朋友們邊聽邊畫。大小聲方面：大家畫出來的
可能大聲用大圖形，小聲用小圖形表示，或是大聲用深色，小聲用
淺色表示。再就高低音方面：也會不約而同地把高的音畫在較高的
位置，低的音在下方位置。旋律方面：聽到一個長音，最簡單的表
現方式就是畫一條線，若是一個音上行，可能會畫出上坡的樣子，
或是一個階梯式的上行。反過來，看到一些圖形要用聲音來表示，
每個人的表現也可能不同。但若看到相同形狀，大小不同，相信大
家一定會不謀而合地用大、小聲來表現。不同的圖形會用不同的聲
音或音樂來表現；或在一些圖形中某些人以聲音或樂器的表現會相
同。因此我們可以感覺到聲音與圖形的聯想在人們的認知領域中，
的確有異曲同工之妙。因此我們讓小朋友們自由自在地去感受音
樂，且利用點線去畫出孩子們內心的音樂世界，音樂圖形遊戲不但
可使兒童注意力集中，訓練靈敏的反應能力，節奏感，音色的辨
別，手眼協調能力，並啓發孩子們豐富的想像力、創造力，抒發內
心的情感。

活動㈠胡桃鉗　曲式：ABACABA

●大鼓　△三角鐵　∩銅鐘　○搖鈴　◎鈴鼓

Φ木魚　∫刮胡　α響板　※雪鈴

A● ● ∩∩∩∩	△△△ ∩∩∩	● ●	△△△ ∩∩∩
◎ ○	◎ ○	◎ ○	◎ ○
B● ●	● ●	ΦΦΦΦ αααα ∫∫∫∫	ΦΦΦΦ αααα ∫∫∫∫
△△ ∩∩∩∩	△△△△ ∩∩∩∩	◎◎◎◎ ○○○○	◎◎◎◎ ○○○○
C◎〜〜〜〜 ○〜〜〜 ※	C◎〜〜〜〜 ○〜〜〜 ※	△〜〜〜 ∩〜〜〜	△〜〜〜 ∩〜〜〜

活動㈡即興芭蕾

　　小朋友們聽完錄音帶，看完錄影帶後，由小朋友們自己創作，跳一段現代芭蕾舞曲。此活動可將小朋友們分成二組，一組敲奏克難樂器，另一組跳舞。

活動㈢延伸美勞

準備材料：

1. 皺紋紙、垃圾袋、報紙、玻璃紙、膠帶、釘書機……等。
2. 小朋友們可自己收集材料來學校自由創作。

(1)讓幼生自己設計模擬劇中主角人物如：克雷拉禮服、鼠王頭套、胡桃鉗造形、玩具兵……等。

(2)自做克難樂器：小朋友可利用蛋糕盒、餅乾盒、牛奶瓶、紙箱、蛤蜊殼、鐵罐……等，自己做鼓、三角鐵、響板、鈴鼓、手搖鈴……等各種克難樂器。

活動㈣共同作畫

胡桃鉗布景：老師準備大張書面紙、圖畫紙、彩色筆，請小朋友大家一起來作畫。第一景：下雪。第二景：聖誕夜。第三景：鼠王與胡桃鉗打仗。

活動㈤綜合活動（舞會）

針對胡桃鉗的故事、人物、背景，布置出一場音樂會，讓小朋友們穿上自己設計的道具（面具、服裝），一場音樂饗宴即將開始。

當音樂播放時，讓小朋友們隨著優美的音樂，用自做的克難樂器敲一段現代胡桃鉗變奏組曲，另一組小朋友穿上自做的服裝跳一段現代芭蕾。

四、作曲家簡介及創作緣由

西元一八四〇年在俄國鄉下，誕生了一位可愛的小男孩名叫柴可夫斯基。他的父母親都是非常喜歡音樂，但並不是學音樂的人，父母常在公餘之暇，邀請他們的好友到家中欣賞他倆演奏風琴、長笛、鋼琴等樂器，家中常洋溢著音樂的氣氛。母親也常教他認識音符，彈彈

曲子，引他進入音樂王國的領域。

　　柴可夫斯基耳濡目染、自然而然地就在這個充滿音樂的環境中長大。

　　柴可夫斯基年歲漸長，就憑著對音樂的熱愛辭去司法部的工作，轉向音樂發展，而進入了聖彼得堡音樂學院，在這裡他深刻明白音樂才是他的最愛。在音樂學院的四年期間，他過著非常清苦的生活，可是這些因素並沒有讓他放棄學習音樂的理想，相反的，他學習速度非常驚人。魯賓斯坦老師讓他創作十首曲子，他居然交出二百首練習曲來，讓老師大吃一驚！他的才華由此可知。也因此老師憐惜人才，請他住在家裡。在這期間，柴可夫斯基認識了老師家的常客「俄國五人團」音樂家，因此他們常在一起研究音樂，分享心得，雖然偶爾在音樂領域中會有些理念不完全相同，但是「五人團」對柴氏非常讚賞，柴氏也因此得到良師益友的幫助，而完成了有名的「降 b 小調第一號鋼琴協奏曲」。

　　柴可夫斯基於西元一八七六年完成了首部芭蕾舞作品《天鵝湖》，但這次的舞劇並不如預期的成功，加上婚姻上有些挫折。為了平撫這些不愉快的傷痛，他開始旅行寫作譜曲，他先後到過瑞士、義大利，每天都手不離筆和紙，他認為浪費時間就是浪費生命，因此創作了不少音樂作品，故而這段旅遊期間也可認為是他的創作豐收期。

　　同時柴可夫斯基認識了對他這一生的精神與金錢最大的支柱——梅克夫人，她不但富有，能幫助柴可夫斯基免除生活上的困苦，更是一位音樂素養很高的女性。梅克夫人不僅喜愛音樂，且頗有研究，因此兩人交往的十四年當中，雖從未謀面，祇靠書信往返，傾談心事，也能建立起彼此心靈上的默契，同時柴可夫斯基也為這個摯友完成了「第四號交響曲」——送給梅克夫人。

到了一八九〇年梅克夫人因破產而宣布與柴可夫斯基停止通信及經濟上的支援，這段時間柴可夫斯基正在巴黎、美國巡迴演出，當他得到消息後心情非常難過，而創作出一首「悲愴交響曲」來符合他當時的心情。

一八九一至一八九二年三月間他的最後一部芭蕾舞劇《胡桃鉗》在聖彼得堡首演，反應並不好，讓他更加失望。

一八九三年五月柴可夫斯基接受「英國皇家愛樂協會」邀請，指揮演出「第四交響曲」，同時劍橋大學授予柴可夫斯基音樂博士學位。

一八九三年十月二十八日「悲愴交響曲」在聖彼得堡首演，深獲各界好評。

一八九三年十一月六日這位偉大的音樂家柴可夫斯基罹患霍亂而與世長辭。

五、參考書目

1. 光復書局編輯部（民85年），經典音樂家列傳，台北市：光復書局。
2. 卡爾・奧福凱特曼、蘇恩世、蔡烈光、陳惠齡（民78年），奧福教學法，台北市：奧福教學法研究推廣中心。
3. 錢世錦（民81年），世界十大芭蕾舞劇欣賞，台北市：大呂。
4. 陳惠齡，成長中的小豆芽，台北市：奧福教學法研究推廣中心。

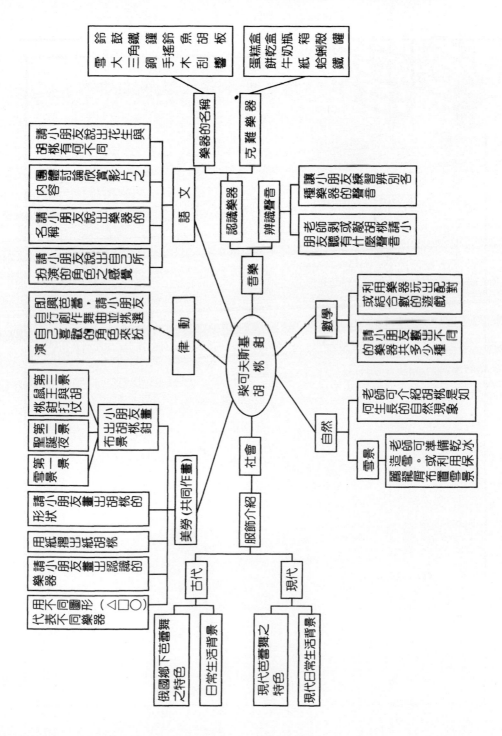

您也可以自己製作主題網！

充滿文學氣息的作曲家

舒曼

曲目：兒時情景　　　　　　　　　　　文‧林巧瑋

一、教學目標

㈠讓幼生透過活動參與，體驗這首曲子的旋律。

㈡知道作曲家的生平及曲子的創作緣由。

㈢培養幼生聆聽古典音樂的愛好。

㈣藉由音樂認識台灣早期社會。

二、教學引導

㈠請家長協助收集有關台灣早期的圖片及物品。

㈡請家長幫幼生整理嬰兒時期的照片或具有紀念意義的物品。

㈢於教學前一週早上入園及午休時播放「兒時情景」的曲子。

　　（早上——「兒時情景」全曲；午休——「兒時情景」之第七首「夢

　　幻曲」）

三、教學設計與內容

(一)學習區

1. 娃娃家：放置嬰兒娃娃及嬰兒用品。例如：嬰兒奶瓶、衣服、鞋子等。亦可放置幼兒小時候的照片供小朋友觀賞。
2. 益智區：放置中國傳統童玩。例如：九連環、沙包等。
3. 積木區：放置大積木或樂高，讓幼兒自由創作。
4. 工作區：認識台灣早期社會（可運用自由畫、廢物工、撕貼畫等）。
5. 圖書角：放置有關本土文化的書籍、錄音帶或 CD。

(二)情境布置

將收集來的台灣早期圖片或物品掛上。

(三)戲劇扮演

將舒曼多情浪漫的一生藉由老師的扮演呈現出來，以舒曼的「兒時情景」為背景音樂（可利用每週的晨光活動或幼兒全體參與的時間；其內容可參考天同出版社出版的《感人音樂故事》一書）。

(四)老公公、老婆婆講古

延請幼兒的爺爺、奶奶到校敘述他們幼年時期的生活。

(五)我的嬰兒時期

請幼兒介紹他自己的照片或物品（玩具、娃娃、胎兒筆、臍帶等）與他人分享。

(六)討論

請幼兒討論自己或爺爺、奶奶、爸爸、媽媽小時候的生活。

(七)音樂欣賞

分段將「兒時情景」十三首小曲（陌生國度的人們、奇異的故事、捉迷藏、撒嬌、滿足、重要的事、夢幻曲、火爐邊、騎木馬、假正經、鬼來了、孩子們睡著了、詩人的話）的含義介紹給幼兒，讓幼兒在聽完之後發表感想，且可針對其中的一、兩首小曲進行討論或表演。例如：討論捉迷藏的玩法並且親自參與遊戲；或者可讓幼兒討論平日在何種情況下會向父母撒嬌，且表演一下如何撒嬌（曲子的含義可參考光復書局所出版的《經典音樂家列傳9——舒曼》）。

(八)小小復古餐會

利用非週休的週末舉辦台灣傳統小吃餐會（可於前一週發函，延請家長幫幼兒準備一些台灣傳統小吃。例如：筒仔米糕、鼎邊銼、炒米粉、魷魚羹、肉羹、臭豆腐、大腸麵線、水煎包、蚵仔煎、肉圓、碗粿、紅龜糕、草仔糕、蘿蔔糕、芋頭糕、蘿蔔絲餅、韭菜盒、菜脯蛋等）。

㈨我是小小廚師

可讓幼兒自己煎蘿蔔糕；或讓幼兒煎菜脯蛋（將蛋及切碎的菜脯均勻攪拌，放於平底鍋內煎至蛋面金黃即可起鍋）。

㈩校外參觀

北部參觀昨日世界；南部參觀台灣民俗村。

㈠唱遊

歌曲教唱──「紅龜糕」。

㈡音樂律動

隨著音樂搖擺身體或作騎木馬、睡覺、撒嬌等動作，或者給予彩帶或絲巾搭配創作。

㈢音樂繪畫

隨著音樂的旋律自由構圖。

㈣認識樂器

分辨鋼琴、風琴、電子琴的不同（分辨音色、外形）。

四、延伸活動

童玩大賽：讓幼兒了解爺爺、奶奶幼年時玩些什麼遊戲（可在學

校運動會或體能課時舉辦）。

五、作曲家簡介及創作緣由

㈠作曲家簡介

　　西元一八一〇年於德國誕生一位充滿文學氣息的作曲家——舒曼。舒曼剛開始傾心於文學，但從小受其父親的影響，對音樂有著濃厚的興趣。於是，他立志成爲一位鋼琴家，但是由於過度練習而傷了指頭，只好放棄，改走作曲家之路。

　　當舒曼專心於作曲創作的同時，認識了他的妻子——克拉拉，也因此舒曼寫了許多富有浪漫、幻想、詩情的作品。在和克拉拉結婚的那一年，舒曼對歌曲的創作，顯示出不曾有過的熱忱，於是寫下堪稱與舒伯特相匹敵的藝術歌曲，其中最具代表性的作品，就是由十六首串連而成的「詩人之歌」。而舒曼純爲兒童寫作的作品，始於舒曼自己有了孩子之後，此是舒曼創作過程中，屬於較晚的時期，由十三首鋼琴曲所組成的「兒時情景」即爲此時期的作品。

　　西元一八四四年，舒曼正從事《浮士德》的作曲創作時，突然生病了，是一種精神異常的疾病，經由醫生的建議遷居德勒斯登，在此地經由妻子克拉拉的細心照顧，病情有顯著的改善；但當孟德爾頌及蕭邦相繼離開人世，對舒曼造成極大震撼，又加上德勒斯登爆發革命，這對舒曼這種過敏的神經有很大的害處，終於在西元一八五六年七月二十九日，結束舒曼充滿恩愛與光榮的一生。

　　有人認爲舒曼的作品僅局限於鋼琴協奏曲和藝術歌曲，實爲可

惜，但當我們透過舒曼的藝術歌曲了解其內心的情感時，便會被他的充沛情感所感動。

㈡創作緣曲

　　舒曼所寫的「兒時情景」爲鋼琴曲集，共有十三首小曲，每一首小曲都附註了標題，這些鋼琴曲皆描寫成人對童年快樂的回憶。其內容均爲幼小的孩子們無憂無慮嬉戲玩耍，圍在火爐旁聽故事，或在大廳中奔跑的情景，聆聽時常爲其洋溢的情感所震撼。其中以第七首「夢幻曲」最爲膾炙人口，此首曲子主要是描述孩子們玩累了，臨睡前，邊聽著媽媽唱催眠曲，邊隨著音樂的旋律進入夢境，幻想著各種奇景。

　　這些曲子在何時完成？以西元一八三八年春，舒曼給克拉拉信中的說法最爲準確，文中言：「我最近完成了大約三十闋小小的鋼琴曲。我從其中選出了十三闋，取了個名字叫『兒時情景』。想來你一定會爲我高興的。」「兒時情景」便是這樣完成的，舒曼十分喜愛這些小曲，常覺得彈這些曲子便會讓他埋藏在腦海中的孩提景象漸漸甦醒過來，使他深深感動。

　　這些小曲原爲鋼琴曲，後來亦改編成小提琴曲或管弦樂曲，甚至於音樂盒中最受歡迎的曲子亦出現於其中，凡聽過的人都會回味無窮、百聽不厭。

六、參考書目

1. 邵義強著（民 75 年），感人的音樂故事，台北市：天同。

2.藤井康男著，張淑懿編譯（民 81 年），世界名曲一百首，台北市：志文。

3.趙震編譯（民 69 年），名曲的故事，台北市：志文。

4. H. C. Schamberg 著，陳琳琳譯（民 82 年），音樂風系列 2—浪漫樂派，台北市：萬象圖書。

4. J. Chissell 著，林勝儀譯（民 77 年），音樂欣賞叢書—舒曼／鋼琴曲，台北市：全音樂譜。

5. Phil G. Goulding 著，雯邊等譯（民 85 年），作曲家排行榜（中）—古典音樂入門，台北市：世界文物。

6.光復書局編輯部（民 86 年），經典音樂家列傳，台北市：光復書局。

7. Joan Chissell 著，苦僧譯（民 86 年），BBC 音樂導讀 32—舒曼：鋼琴音樂，台北市：世界文物。

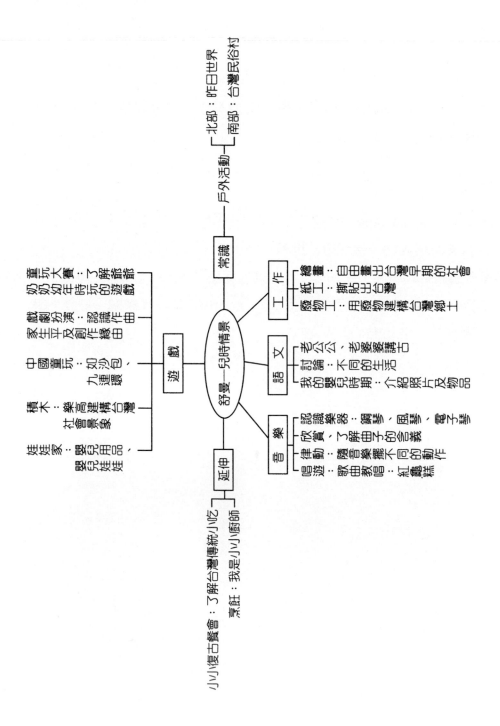

您也可以自己製作主題網！

現實樂風先驅

比才

曲目：卡門　　　　　　　　　　　　　　文：李淳靖

一、教學目標

㈠開發右腦潛能，提升大腦功能。

㈡發展幼兒音樂欣賞的能力。

㈢促進幼兒生活品質和學習效果。

二、教學引導

㈠又演又唱：認識歌劇——比才：《卡門》的故事整體介紹。

㈡引吭高歌：欣賞「鬥牛士之歌」的音樂、歌詞。

㈢鬥牛士之舞：模擬「鬥牛士之歌」，跳鬥牛士之舞。

㈣小小合奏：合奏新鮮而充滿生命力的音樂。

三、教學設計與內容

㈠又演又唱

欣賞《卡門》的錄影帶，了解什麼是歌劇；再講述《卡門》的整體故事。

卡門是煙草工廠的女工，也是吉普賽女郎，因為長得美麗，年輕衛兵都愛上她。

㈡男聲獨唱

請來具聲樂專才的家長或人士，現場演唱「鬥牛士之歌」，或是欣賞錄影帶、錄音帶的演唱，再講述「鬥牛士之歌」的歌詞。

我親愛的朋友謝謝你　我回敬你　我們乾杯
軍人和鬥牛士是好朋友　都以戰鬥為樂　慶祝尋歡更待何時
競技場上人山人海　從屋頂到牆角坐滿了人　觀眾們個個情緒激昂
他們大喊大叫　揮舞著手　為了替勇士們加油
上陣時　鬥牛士打起精神
搏鬥的時候　想像著　有兩顆烏黑的眼珠正在凝視著你
愛意在眼神中等待著你　鬥牛士打起精神
大家突然間安靜了起來　怎麼沒有聲音了　發生了什麼事
哭泣停止　這一刻來到了
公牛從牛欄裡　奔跳出來了　牠奔向場內　他出擊了

一匹馬倒了　拖著一個鬥牛的助手　群眾的歡呼聲響起

那隻公牛來回奔跑著　再度衝刺

搖晃著射在他頭上的鏢　怒氣填胸

大家都迅速地跑開　跳過柵欄　現在看你的　來吧　打起精神

鬥牛士奮起呀　鬥牛士

想想那黝黑的雙眸　充滿愛意地注視等待著你

㈢鬥牛士之舞

　　準備紅四方巾、大圓帽、長筒靴、自製牛頭道具、「鬥牛士之歌」的音樂，模擬鬥牛士鬥牛；扮演鬥牛士的幼兒手拿紅四方巾，打開抖動、引誘野牛衝過來，待野牛快衝過來時，再很快地收起紅四方巾，變換位置引誘，直到扮演牛的幼兒累了；或是扮演鬥牛士的幼兒累了，累倒的一方即是輸了！熟練之後，大家一起表演一場盛大的鬥牛士之舞。

㈣小小合奏

　　「鬥牛士之歌」——運用打擊樂器合奏，如：獨唱部分以小樂器輪流獨奏，合唱部分小樂器全部一起合奏。在合奏的同時，也參與並再次欣賞「鬥牛士之歌」的樂曲了。

 　　四、延伸活動

　　將具有濃烈的西班牙風格及吉普賽色彩的音樂「哈巴奈拉舞曲」

也介紹給幼兒。

・哈巴奈拉舞曲：是種中速度、二拍子
的西班牙舞曲，源於西班牙的殖民地
古巴的首府哈瓦那，比才引用富於異
國情調的特徵，成功地刻畫出卡門的
野性與任性。

又演──準備長裙、一朵塑膠玫瑰
　　　花，將花含在嘴巴，配合音
　　　樂拉裙襬、拍手跳舞。

又奏──小小合奏「哈巴
　　　奈拉舞曲」，運用打擊樂
　　　器合奏。

五、作曲家簡介及創作緣由

㈠作曲家簡介

　　比才，一八三八年十月五日生於巴黎，一八七五年七月二日死於
布基瓦爾。

　　比才的父親為歌唱教師，母親也有很好的音樂素養，因此比才從
四歲起便開始學習音樂，九歲時得到特別許可而進入巴黎音樂學院就
讀，在校成績一直非常優秀，經常獲獎，一八五八年終於考取了羅馬

獎得以到羅馬留學。三年的羅馬留學完畢之後，比才返回巴黎，劇院經理看上比才的樂才，讓他以卡勒與柯爾蒙的劇本編寫三幕歌劇《採珠者》，這便是比才的第一部歌劇。一八六三年比才二十五歲時，《採珠者》上演結果相當成功，連續演出十八次，但比才的生活依然十分清苦。一八六九年他與老師阿勒威的女兒結婚，是年發表了交響樂幻想曲「羅馬的回憶」，此曲只演奏一次後沉寂了十一年，直到他死後才以「羅馬」爲題，成爲第三號管弦組曲。一八七二年比才推出一幕歌劇《加米雷》，上演了四次，使比才的聲名逐漸遠播。亞爾方斯‧道迪的戲曲《阿萊城姑娘》於一八七二年上演時，囑託比才爲其寫劇樂，雖然此劇樂未受好評，但後世「阿萊城姑娘組曲」卻經常被演奏。在編寫《阿萊城姑娘》時，比才把自己當作布羅瓦斯人，而編寫《卡門》時又完全是一個西班牙人。比才把自己的心力完全投注於《卡門》之上，但是一八七五年三月三日《卡門》在巴黎柯米克劇院首次上演，卻未獲得他所想像的成功而且反應平平，比才受此打擊一病不起，未見到《卡門》的成功，在初演後三個月便去世了。

㈡創作緣由

「卡門」的原作者是頗享文名的普思培‧麥立梅，他曾兩次遊歷西班牙，取材鬥牛士和強盜的故事，寫了見聞記，後來又聽到一則山賊因嫉妒而殺死情婦的真人真事，十五年後（一八四五年）就以此做根據寫成《卡門》這部小說，刊在《世界評論》上。不過並沒有引起太大的注意，甚至後來和其他兩篇小說集成單行本付梓後，也被冷落在一旁。但比才看過之後卻甚喜愛故事中的異國色彩，恰巧他也接到喜劇歌劇院的邀請寫一部三幕的歌劇，於是請表兄阿勒威和摯友梅耶克改成劇本，成爲歌劇的《卡門》。《卡門》之所以能成爲最迷人的

一部歌劇，獨特的「自然主義」風格與緊湊的戲劇效果固然是主要因素，另外濃烈的西班牙風格以及卡門這個充滿野性角色的成功刻畫，也是此劇特別吸引人之處。這部歌劇真是展盡了比才的作曲才華，非僅音樂華麗燦爛，旋律動人，瀰漫濃郁的異國風味，尤其幾個重要動機（命運主題、鬥牛士主題）的運用，更使劇情起伏充滿激盪，比才取自麥立梅的原作，具新鮮而充滿生命力的音樂，與上流人士平常接觸的高尚音樂相去甚遠，乃是一種嶄新的音樂。《卡門》這個作品具現實性及生活性，是十九世紀現實主義的先驅，實不愧為法國歌劇的代表作。

六、參考資料

1. 完全歌劇攻略手冊，台北市；福茂。
2. 古典之門 14 歌劇選粹，台北市：福茂。
3. 「卡門」錄影帶，台北市：福茂。
4. 音樂之友社編（民 86 年），古典名曲欣賞導聆 2 管弦樂曲，台北市：美樂。
5. 服部龍太郎（民 70 年），一百個偉大音樂家，台北市：志文。

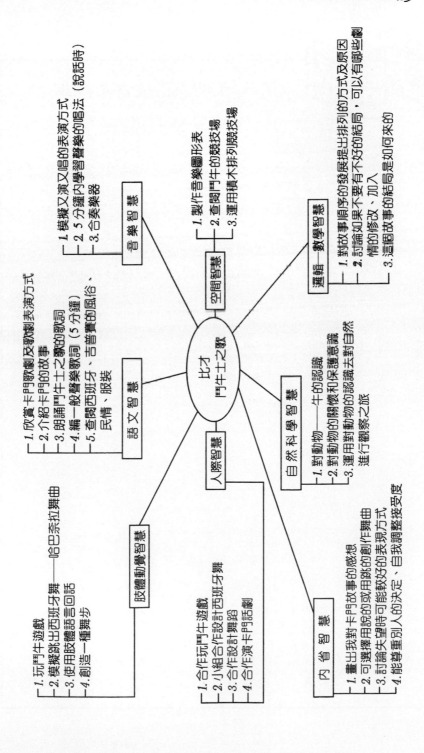

中心主題：比才 鬥牛士之歌

音樂智慧
1. 模擬又跳又唱的表演方式
2. 5 分鐘內學習聲樂的唱法 (說話時)
3. 合奏樂器

語文智慧
1. 欣賞卡門鬥歌及歌劇的表演方式
2. 介紹卡門的故事
3. 朗誦鬥牛士之歌的歌詞
4. 編一般聲樂歌詞 (5 分鐘)
5. 查閱西班牙、吉普賽樂的風俗、民情、服裝

空間智慧
1. 製作音樂圖形表
2. 查閱鬥牛的競技場
3. 運用積木排列鬥技競場

邏輯 - 數學智慧
1. 對故事順序的發展提出排列的方式及原因
2. 討論如果不要有不好的結局，可以有哪些劇情的修改、加入
3. 這個故事的結局是如何來的

自然科學智慧
1. 對動物——牛的認識
2. 對動物的關懷和保護意識
3. 運用對動物的認識去對自然進行觀察之旅

肢體動覺智慧
1. 玩鬥牛遊戲
2. 模擬跳出西班牙舞——哈巴奈拉舞曲
3. 使用肢體語言回話
4. 創造一種舞步

人際智慧
1. 合作玩鬥牛遊戲
2. 小組合作設計西班牙舞
3. 合作設計舞蹈
4. 合作演卡門話劇

內省智慧
1. 畫出我對卡門故事的感想
2. 可選擇用說的或用跳的創作舞曲
3. 討論失望時可能較好的表現方式
4. 能尊重別人的決定、自我調整接受度

您也可以自己製作主題網！

浪漫樂派之父

貝多芬

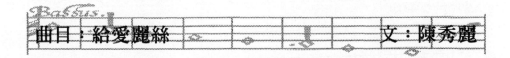

曲目：給愛麗絲　　　　　　　　　　文：陳秀麗

一、教學目標

㈠激發幼兒愛好音樂的興趣。

㈡啓發幼兒對音樂的表現能力。

㈢發展幼兒親愛、合作、快樂、活潑的精神。

㈣培養幼兒對音樂的感受力。

二、教學引導

㈠把愛說出來：禮物表達方式、感謝卡。

㈡比手畫腳：看圖說話、比手畫腳、耳聰目明。

㈢音樂欣賞與接龍：聆聽、節奏練習、傳物接唱。

㈣追趕跑跳碰：聽鼓聲、走、跑、跳、搶椅子。

㈤手語歌：朋友歌。

㈥海棉畫。

三、教學設計與內容

㈠把愛說出來

1. **引起動機**：介紹貝多芬生平與創作緣由。
2. **團體討論**：(1)對喜歡的人可以如何表達？
   (2)用什麼方式表達？
3. **活動過程**：(1)展示老師所愛的人有哪些？
   (2)請幼兒說出自己所喜愛的人，並記錄於海報紙上。
   (3)請幼兒說出對喜歡的人可以如何表達。
   (4)將幼兒的表達方式寫於海報紙上。
   (5)製作感謝卡。
   (6)幼兒彼此做相親相愛的動作，如：抱抱、握手、打
   招呼、點頭微笑、碰碰頭、肩膀、臀部⋯⋯。
4. **欣賞與分享**：「愛心樹」劇場。

㈡比手畫腳

看圖說話、比手畫腳、耳聰目明：
1. 準備器物或動物等圖片。
2. 請一位幼兒出來表演動作，其他幼兒猜。
3. 將圖卡依工具、人物、做什麼事，分三人表演大家猜，猜完將三
   項圖卡內容串起來，如：白雪公主拿掃把刷牙⋯⋯等。

4.播放錄音帶給幼兒聽聽，請幼兒說出是什麼樂器？電話聲？門鈴？車聲？水聲……也可請幼兒找出正確的圖卡與聲音配對。

㈢音樂欣賞與接龍

*1.*靜靜聆聽樂曲「給愛麗絲」。

*2.*請幼兒說出對此曲的感覺。

*3.*注意輪旋主題反覆出現的次數。

*4.*記熟輪旋主題的旋律，跟著哼唱。

*5.*用ㄅㄚ或ㄌㄚ音跟著輕唱。

*6.*傳物接唱。

㈣追趕跑跳碰

*1.*聽鼓聲的快與慢，走與跑。

*2.*鼓聲一聲坐，二聲站，三聲蹲，四聲跳，五聲摸頭，六聲……或一聲敲鈴鼓，二聲手搖鈴，三聲手響板……等。

*3.*搶椅子遊戲：鼓聲停時換位子、搶椅子。

㈤手語歌

（見下頁）

祝福

（同：⑥　　　⑦　　　　　⑧　　　⑨　　　⑩）

㈥海綿畫

1. 發給幼兒每人一支鉛筆、一張紙。

2.聆聽「給愛麗絲」並將感覺用筆畫出來。

3.筷子上綁上泡棉，讓幼兒邊聽邊畫，注意幼兒對曲子的旋律與輪旋所展現之不同。

4.準備廣告顏料讓幼兒自由創作：海棉畫。

5.將幼兒之畫一一展示或剪下貼成大海報，老師可在旁寫上每位幼兒之作品名稱。

6.利用海綿做集體創作畫。

7.欣賞與分享，收拾與整理。

四、作曲家簡介及創作緣由

㈠作曲家簡介

　　一七七〇年樂聖貝多芬出生於德國波昂的音樂家庭中。祖父常為他彈奏兒童樂曲，並教他唱歌。三歲時，祖父過世。貝多芬的父親是當時宮廷樂團的男高音歌手，看出年幼的貝多芬有極高的音樂天分。為了想把他訓練成「莫札特第二」以便賺大錢，故強迫貝多芬每天必須連續彈奏數小時以提升演奏技巧，稍有中斷，即受到酗酒的父親之責打。貝多芬的幼年是經常伏在琴鍵上哭泣著的。這種不幸的經歷，確是莫札特不曾有過的。

　　貝多芬的母親卻是一位性情和藹、宗教信仰虔誠的婦女，非常疼愛他。這和他性情粗暴、鎮日酗酒的父親是全然不同的。八歲時，貝多芬的個人演奏會非常成功。九歲後，跟著他的啟蒙老師──宮廷樂長內菲學習古鋼琴與管風琴。十二歲時，擔任宮廷管風琴師而忙於演

奏、作曲、教琴來賺錢。年少的貝多芬在遇到布勞寧夫人之前，真是不曾享受過溫暖的家庭生活。

寡居的宮廷顧問官布羅寧夫人，是一位有教養又親切的婦人，把出生在不幸家庭的貝多芬，像對待自己的子女一般給予細心的照顧和愛護，並利用各種機會，把上流社會的禮儀教給貝多芬，使他在社交場合中有合宜的應對。布羅寧夫人的四個子女，也給了貝多芬溫暖的友愛，而且其中的一位愛蕾奧諾甚至為貝多芬的初戀情人。

一七八七年，十六歲的貝多芬，為了能和他仰慕的莫札特見面，而前往音樂之都維也納。當時，莫札特欣賞過貝多芬即興的演奏之後，感到貝多芬的演奏技巧真是出神入化、巧奪天工，令莫札特相當佩服；於是，便把他介紹給當時音樂界的朋友。就在遭遇這千載難逢的機緣時，不幸地從故鄉傳來貝多芬母親病危的消息，由於急於返家探母，而未能和莫札特結下這段師生的關係。

一七九二年，貝多芬和剛從倫敦回來，路經波昂的海頓大師見了面。在聽過貝多芬的清唱劇後，海頓就看出了他的超人才華，而由衷地讚美貝多芬。也由於這個機遇，使得波昂宮廷決定給貝多芬獎學金，讓他再到維也納去學習。貝多芬在維也納，很快地以鋼琴家和作曲家而揚名，並被邀請到各地去旅行演奏。

貝多芬在二十歲到三十歲的十年間，強烈受到海頓和莫札特的影響，創作了「悲愴」、「月光奏鳴曲」等十一首鋼琴奏鳴曲，一首交響曲和六首弦樂四重奏等許多膾炙人口的不朽作品。

不幸地是在他二十八歲左右時，他的聽覺發生了障礙。但是，貝多芬不但沒有被打倒，反而鼓起勇氣，更努力地創作。在一八〇四年終於完成原本獻給拿破崙的「英雄交響曲」。此時期，不論作曲或演奏，均更為感人，而獲得維也納人給予他更高的評價。

貝多芬很喜愛大自然。沒有虛偽的、純樸的大自然，比什麼都更吸引貝多芬的心，「田園交響曲」就是把大自然的原貌表現出來的優美傑作。

貝多芬一生，雖經多次戀愛，但始終未曾結婚。

晚期的貝多芬已經全聾了，作曲只靠心靈的聲音和想像，而被喻為人類瑰寶的第九交響曲「合唱」、「莊嚴彌撒曲」就是此時期的不朽作品。

貝多芬的作品，除了九首交響曲、三十二首鋼琴奏鳴曲和十七首弦樂四重奏外，還有許多聲樂曲和器樂曲等，但作品總數卻不及海頓或莫札特。究其因是，貝多芬是一位深思熟慮、有積極創意的作曲家。

貝多芬的作品可分為三個時期。初期作風處在莫札特、海頓形式。中期作風是短而令人感動的動機來統一曲子全體，這是把海頓所創的音樂構成原理發揮至最高峰的音樂傾訴，是熱情的、動的音樂。後期作風則是內省的、靜的音樂時代，此期作品充滿了冥想和幻想及主觀與個性，暗示了他浪漫派的作風，表現出超越人生的痛苦，歌頌出對人類的愛，像第九交響曲「合唱」及「莊嚴彌撒曲」。

這樣一位音樂界的奇才，不幸於一八二七年病逝於維也納，而留給後人的確是無比的尊敬和懷念；而那些永遠流傳在人間的作品，更是人類音樂史上千古不滅的瑰寶。

㈡創作緣由

「給愛麗絲」全曲以清新可人的主題貫穿，如綿綿密密、無怨無悔的愛意傾吐，是一首技巧簡易、短小輕快而可愛的鋼琴小品，這首小品讓人喜愛也讓人回味。愛麗絲是哪位女生，沒有文獻可查考，但這首曲子所表達的，是一位堪人憐愛、楚楚動人的美麗少女，這首鋼

琴曲是貝多芬去世後才發現的遺作，因此沒有作品號碼，可能爲貝多芬三十歲左右的作品。

也有人傳說這首曲子是寫給他的鋼琴學生愛蕾奧諾‧馮‧布羅寧，小名叫蘿爾申，他們有過一段戀情，後來愛蕾奧諾嫁給韋格勒醫生，結果三人成爲一輩子的好朋友。貝多芬曾在給韋格勒的信上提起這段往事：「我一直保存著蘿爾申的剪影，我這麼告訴你是爲了讓你知道，年輕時的愛情和幸福，對我是多麼的彌足珍貴。」

傳說她是貝多芬「永恆的戀人」。

 參考書目

1. Robin May 著（民 81 年），音樂圖像系列 3——路德維希‧凡‧貝多芬，台北市：萬象圖書。

2. 光復書局編輯部編著（民 85 年），經典音樂家列傳 6——貝多芬，台北市：光復書局。

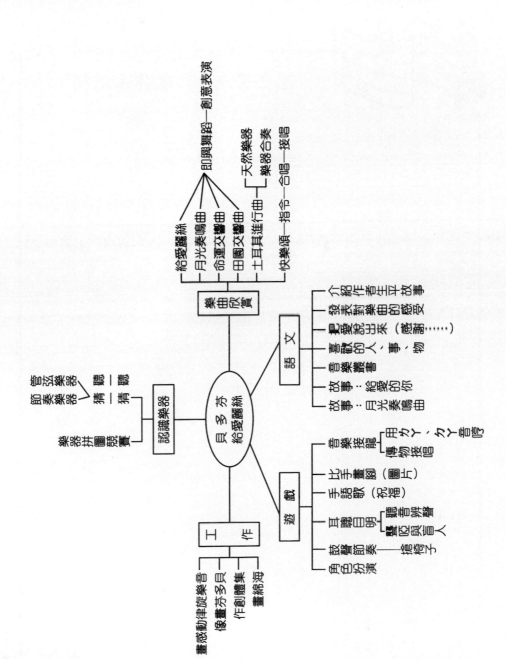

您也可以自己製作主題網！

二十世紀音樂代言人
史特拉汶斯基

曲目：火鳥　　　　　　　　　　　　　　文：李宣卿

一、教學目標

㈠了解俄羅斯自然與人文風情。

㈡認識簡單的木管樂器。

㈢利用簡單材料製作樂器。

㈣利用各素材完成作品。

㈤培養人際之間的互動與合作。

㈥培養對音樂的聯想力。

二、教學引導

㈠教師須先熟悉《火鳥》的樂曲與劇情。

㈡於單元進行兩週前，教師與幼兒或家長一同收集俄羅斯自然與人文
　風情的資料。

三、教學設計與內容

㈠神秘的火鳥

故事講述後，播放每段的音樂，想像此段劇情大致是如何，再公布正確的劇情。

㈡小小戲劇家

配合曲目的片段音樂分別扮演王子、少女、魔王、士兵與火鳥，並布置場景及製作道具，可在家長觀摩會或週末活動中演出。

㈢可怕的黑森林

討論黑森林中有什麼神秘與特別的事物，例如貓頭鷹、可怕的怪物、濃密的樹蔭，或是陰森森的天空，再利用素材將教室布置成黑森林。

㈣大火鳥出現了

想像火鳥的長相，可以中國傳說中的鳳凰、龍作為範本，添加想像力，利用各素材將火鳥製作出來。

㈤美麗的俄羅斯

利用圖片或錄影帶介紹俄羅斯的自然與人文風情，接著可做出俄羅斯風情的頭飾或服裝，進行服裝秀表演。

㈥小小舞會

　　配合「公主之舞」，練習華爾滋的舞步，並扮演小紳士與小淑女，穿上蓬蓬裙或燕尾服（若無，可穿著較正式的服裝），舉行正式的舞會，舞會中亦可進行餐會，也可延伸為化裝舞會。

㈦英雄救美

　　設置關卡，每關皆為不同魔王把守（魔王可由教師或家長擔任），幼生扮演伊凡王子，王子必須透過重重的關卡才能救出少女，每關可以進行益智的遊戲，或是詢問有關樂曲的問題，最後一關通過後，扮演火鳥的幼兒便出現，將裝著魔王命運的箱子遞給王子，此時代表王子勝利了。

㈧奇妙的管子樂器

　　第一曲「序曲」及第四曲「公主之舞」是利用木管演奏出的，但由於木管樂器較為難借，可以用投影機或書本上的圖片來介紹，再把玻璃管裝上不同深度的水，吹出不同的高低音，製作克難樂器。

㈨角落教學

　　*1.*語文角：故事書——《伊凡王子》。
　　*2.*扮演角：扮演俄羅斯商人買賣商品。
　　*3.*益智角：俄羅斯風情拼圖。
　　*4.*工作角：摺紙遊戲（俄羅斯城堡），撕貼畫。

四、延伸活動

欣賞幼兒芭蕾舞劇。

五、作曲家簡介

　　史特拉汶斯基一八八二年出生於俄國，父親為男低音歌手，母親是一位出色的鋼琴家，史特拉汶斯基從小對音樂沒有很大的興趣，一直到唸大學時，認識了林姆斯基‧高沙可夫，才決心做一名正式的作曲家。

　　《火鳥》是一齣芭蕾舞劇，於一九一〇年在巴黎歌劇院首次公演，獲得壓倒性的大成功，這也是史特拉汶斯基邁向成功的第一步，這部作品於一九一九年編為管弦樂組曲。

　　《火鳥》的大意是：火鳥是傳說中的鳳凰，每隔幾百年便會將自己投入火中，再從灰燼中復活，有一天，伊凡王子因為打獵而誤入魔王的城堡，在這裡伊凡捉到一隻火鳥，後來把他放了，火鳥為了感謝他，送他一支閃閃發光的羽毛。在古堡內有十三位美麗的公主，公主見了伊凡，便和他一起跳著俄國古老的民族舞蹈，最後給他一個金蘋果便消失了，伊凡才知道，原來這是大魔王住的城堡，大魔王會囚禁過往的旅客，伊凡決定征服魔王，他用火鳥給的羽毛，讓魔王的魔法失效，此時火鳥也出現了，它遞給伊凡一個箱子，告訴他箱子內有魔王的秘密，伊凡把箱子打開，裡面有一顆蛋，他就把蛋摔破了，於是

魔王就死了，古堡也消失了，被囚禁的少女得以釋放，其中一個最美麗的少女便和伊凡結婚。

「火鳥」包括下列七段音樂：

第一曲：序曲。

第二曲：火鳥之舞。

第三曲：火鳥變奏曲。

第四曲：公主之舞——霍羅瓦（為組曲中最著名的一首）。

第五曲：魔王之舞。

第六曲：搖籃曲。

第七曲：終曲。

六、參考書目

1. 張淑懿、野宮勳（民 74 年），名曲鑑賞入門，台北市：志文。

2. 陳琳琳（民 84 年），現代樂派，台北市：萬象圖書。

3. 光復書局編輯部（民 86 年），經典音樂家列傳，台北市：光復書局。

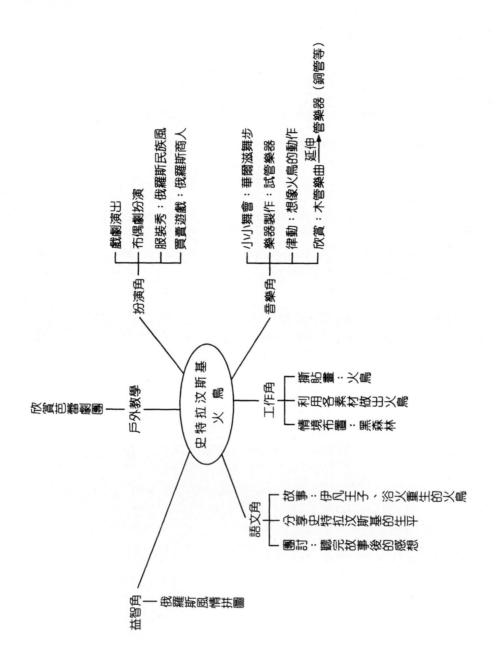

您也可以自己製作主題網！

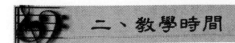

神劇大師
韓德爾

曲目：彌賽亞　　　　　　　　　　　　文：紀明美

一、教學目標

㈠認識韓德爾的生平及其作品。

㈡激發幼兒的音樂潛能及其創作力。

㈢會懂得愛人、關懷別人的情操。

㈣培養幼兒廣泛的興趣，充實生活經驗。

二、教學時間

配合聖誕節活動進行。

三、教學引導

㈠熟聽「彌賽亞」曲，而引起動機。

㈡參觀活動後，團討引起。

㈢組合合唱團。

㈣事前請求家長協助資料的收集。

四、教學設計與內容

㈠透過參觀教堂來探討「神劇」的認識：神劇是歌頌神愛世人的一種
　利用音樂來表達的戲劇，其中有合唱部分和小型樂團。

㈡彌賽亞的特色探討：彌賽亞是根據聖經中提到的耶穌降臨、受難、
　復活的經過，韓德爾讓宗教的寓意呈現在戲劇上，尤其當合唱部分
　唱出「哈利路亞」時，不論任何人都會肅然起敬，讓人們感受到主
　的降臨。

㈢專心聆聽的態度培養：樂團演奏時不可中場離開，或交談、吃零食。

㈣布置情境角落：

　1.布告欄：

　　⑴韓德爾簡介。

　　⑵校外「關懷之旅」的活動照片瀏覽（收集育幼院、養老院的關
　　　懷活動照片）。

　2.室內：

播放彌賽亞部分曲——哈利路亞合唱曲（附部分歌詞）。

3. 語文角：

(1) 圖畫書欣賞——同期音樂家的叢書（巴赫、韋瓦第、斯卡拉第、拉蒙）。

(2) 唱詩活動（參考聖經經文）。

(3) 兒歌：叮噹（自創）

　　　　　叮噹！叮噹！好清脆的聲音！

　　　　　是不是火車快要開了？

　　　　　是不是消防車要來了？

　　　　　還是家裡的門鈴響了？

　　　　　叮噹！叮噹！好響亮的聲音！

　　　　　是鐵匠努力的敲打聲！

　　　　　是聖誕老人的馬車聲！

　　　　　還有寶貝可愛的笑聲！

(4) 故事：耶穌的誕生、神劇大師——韓德爾。

4. 美勞角：

(1) 指偶製作——天使。

(2) 紙黏土製作——聖誕老公公。

(3) 自由畫——歌唱家的神情畫。

5. 音樂角：

(1) 樂器演奏——節拍練習（「快樂的鐵匠」）。

(2) 認識音符——練習創作。

(3) 小型合唱團。

6. 戲劇角：

(1) 小小指揮家——器材準備（錄音機、音樂帶、指揮棒、指揮台、

　　小領結）。

　　(2)歌劇配嘴——肢體表演。

　7.積木角：

　　馬槽的搭建——耶穌誕生的地方。

　8.體能角：

　　平衡訓練——哈利路亞。

　　(1)每人半張報紙——單腳站立在報紙上，平衡練習。

　　(2)報紙對摺再單腳站立，一直摺到最小塊，看誰最後勝利，高喊
　　　　「哈利路亞」。

㈤共同討論，分享心得。

五、作曲家簡介

　　十七世紀末，德國中部的哈勒小鎮誕生了一個活潑可愛的小男孩——韓德爾。

　　當韓德爾生下來時，爸爸已經高齡六十三歲，因為老來得子，所以家人對他有無限的期盼和寵愛，希望日後成為一位傑出的律師。韓德爾在遵照父親的遺願下，進入了哈勒大學法學院深造。可是熱愛音樂的韓德爾在聲樂上更是努力學習，也熟悉當時許多音樂家的作品和風格。恩師查豪自創的結合演奏（聲樂加樂器）的變化，也萌發了韓德爾在音樂上的才華和培養良好的藝術氣質。韓德爾深受雙親堅強的性格和對工作的狂熱態度影響，而養成他日後的創作風格。

　　韓德爾一七一二年定居英國，一七一七年創作著名的「水上音樂組曲」，是利用一組小樂團在泰晤士河的遊船上演奏，感動了英王而

受聘到宮廷任職，這時韓德爾樹立了一種音樂風格。一七一九年英王
為了慶祝皇家音樂學院成立，特聘策畫歌劇季的慶典活動。一七二四
年韓德爾在歌劇季裡面發表的作品《凱撒大帝》是取材於歷史故事。
劇中也創作了不少精彩的詠唱調，這是韓德爾有名的歌劇作品之一。
一七二六年加入英籍，為慶賀英王的加冕而創作「加冕讚美歌」。

　　韓德爾喜歡到處尋找寫作的靈感，其中最愛義大利的威尼斯，因
為威尼斯常常舉辦各種音樂活動，處處充滿著優美的歌聲，讓韓德爾
盡情的陶醉、創作，也寫出受人尊敬的「大協奏曲」。《以色列人在
埃及》也是舞台效果極佳的神劇作品，劇中的音樂更是令人著迷。韓
德爾仿造自然界的景觀，讓觀眾身歷其境。並用樂器製造出「嗡嗡」
的蒼蠅飛動聲音、巨浪聲、冰雹和寒夜中的寂靜，是個特殊的音效配
樂，也是大膽的創舉。

　　韓德爾曾擔任管風琴師、管弦樂團員、樂長、作曲家。一生創作
了不少的歌劇，但只有二十多齣神劇流傳後世。韓德爾也因經營歌劇
院失敗而負債累累，雪上加霜的是疾病纏身，不過韓德爾靠著堅強的
意志力和神奇的療效而恢復健康。這時身心交瘁的韓德爾正準備離開
英國，在絕望的心情下寫了這齣震撼人心的神劇——《彌賽亞》。

　　韓德爾在神劇方面的創作於一七三二年到一七五一年之間，著名
的《彌賽亞》劇是應愛爾蘭總督之請於一七四二年完成的，僅花了二
十四天。它是根據聖經中敘述的耶穌基督誕生、受難、復活的經過而
創作的宗教作品，全劇由管弦樂、獨唱、合唱、和聲來顯現虔誠、莊
嚴、神聖的氣氛，這曲子的美感在於對位線條和和聲。韓德爾在完成
《彌賽亞》的合唱部分「哈利路亞」時，曾對僕人說天堂在眼前呈現
且拜訪了上帝，可見韓德爾對信仰的投入，也讓劇中洋溢著神愛世人
的偉大，震撼了每個人感動得起立恭聽，至今每當唱出「哈利路亞」

時，這種自然動作也一直流傳著。

　　韓德爾的音樂富有旋律性、親和力，讓人聽了感覺柔和舒暢。可惜，韓德爾的個性傲氣，不易認錯，終生未婚，熱愛寫作歌曲，完成的速度又快，這種天分不是每一個音樂家都能擁有的。韓德爾也有善良的一面，喜歡舉辦慈善演唱會，每當為孤兒院演奏「彌賽亞」時，都會親自上場指揮，散播關懷之心。

　　偉大的音樂家韓德爾晚年眼睛失明，於一七五九年四月十四日去世，享年七十四歲，英國人為他舉行莊嚴、隆重的葬禮，葬於西敏寺。這種殊榮是音樂家們無人能比的。因為，西敏寺只限於埋葬歷史上的偉人，可見，英國人對韓德爾的敬愛，在西敏寺的紀念碑和雕像中有跡可循。雖然他離開了人世，樂曲生命仍在流傳著，在每年的紀念活動裡隆重又熱烈的情形下展開。尤其在一八五九年的百年紀念音樂會中，演出的人數高達四千人，可見韓德爾崇高的地位和作品是永垂不朽的。

六、參考書目

1. 光復書局編輯部（民85年），經典音樂家列傳，台北市：光復書局。
2. 古丁、雯邊、Goulding, Phil G,（民85年），作曲家排行榜，台北市：世界文物。
3. 羅寬君、李濱蓀、徐朗主編（民75年），聲樂曲，北京：新華書局。
4. 邵義強（民76年），漫畫世界名曲全集，台北市：樂韻。

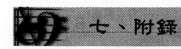

七、附錄

彌賽亞

- Accompagnato（男高音）Comfort ye my people

  1. 你們的上帝說：你們要安慰，安慰我的百姓。

  2. 要對耶路撒冷說安慰的話，又向他宣告說：他爭戰的日子已滿了，他的罪孽赦免了，他爲自己的一切罪，從耶和華手中加倍受罰。

  3. 有人聲喊著說：在曠野預備耶和華的路，在沙漠地修平我們上帝的道。

  （以賽亞書四十章一至三節）

- Air（男高音）Ev'ry valley shall be exalted

  4. 一切山窪都要填滿，大小山岡都要削平，高高低低的要改爲平坦，崎崎嶇嶇的必成爲平原。

  （以賽亞書四十章四節）

- Chorus（合唱）And the glory of the Lord

  5. 耶和華的榮耀必然顯現，凡有血氣的，必一同看見，因爲這是耶和華親口說的。

  （以賽亞書四十章五節）

- Air（男高音）But who may abide

  2. 他來的日子，誰能當得起呢？他顯現的時候，誰能立得住呢？因爲他如煉金之人的火，如漂布之人的鹼。

（瑪拉基書三章二節）

- Chorus（合唱）And He shall purify

  3. 他必坐下如煉淨銀子的，必潔淨利未人，熬煉他們像金銀一樣，他們就憑公義獻供物給耶和華。

  （瑪拉基書三章三節）

- Recitative（女高音）Behold, a virgin shall conceive

  14. 因此主自己要給你們一個兆頭，必有童女懷孕生子，給他起名叫以馬內利（就是上帝與我們同在的意思）。

  （以賽亞書七章十四節）

- Air（女高音）O thou that tellest good tidings to Zion

  9. 報好信息給錫安的阿，你要登高山，報好信息給耶路撒冷的啊，你要極力揚聲，揚聲不要懼怕，對猶大的城邑說：看哪，你們的上帝。

  （以賽亞書四十章九節）

  1. 興起發光，因為你的光已經來到，耶和華的榮耀發現照耀你。

  （以賽亞書六十章一節）

- Chorus（合唱）For unto us a Child is born, And lo, the angle of the Lord

  6. 因有一嬰孩為我們而生，有一子賜給我們，政權必擔在他的肩頭上，他名稱為奇妙策士，全能的上帝，永在的父和平的君。

  （以賽亞書九章六節）

- Accompagnato（童高音）And the angle said unto them And suddenly there was Glory to God

  9. 有主的使者站在他們旁邊，主的榮光四面照著他們，牧羊的人就甚懼怕，那天使對他們說，不要懼怕，我報給你們大喜的信息，是關乎萬民的，因今天在大衛的城裡，為你們生了救主，就是主

基督。

（路加福音二章九至十一節）

- Accompagnato（童高音）Chorus（合唱）

13.忽然有一大隊天兵，同那天使讚美上帝說：在至高之處榮耀歸與上帝，在地上平安歸與他所喜悅的人。

（路加福音二章十三至十四節）

- Air（女高音）Rejoice greatly

9.錫安的民哪，應當大大喜樂，耶路撒冷的民哪，應當歡呼，看哪，你的王來到你這裡，他是公義的，並且施行拯救（謙謙和和地騎著驢，就是騎著驢的駒子，我必除滅以法蓮的戰車和耶路撒冷的戰馬，爭戰的弓也必除滅），他必向列國講和平，他的權柄必從這海管到那海，從大河管到地極。

（撒迦利亞書九章九至十節）

- Duet（二重唱）He shall feed His flock

11.他必像牧人牧養自己的羊群，用膀臂聚集羊羔抱在懷中，慢慢引導那乳養小羊的。

（以賽亞書四十章十一節）

28.凡勞苦擔重擔的人，可以到我這裡來，我就使你們得安息。我心裡柔和謙卑，你們當負我的軛，學我的樣式，這樣你們心裡就必得享安息。

（馬太福音十一章二十八至二十九節）

- Air（男低音）Why do the nations

1.外邦為什麼爭鬧，萬民為什麼謀算虛妄的事，世上的君王一齊起來，臣宰一同商議，要敵擋耶和華並他的受膏者。

（詩篇二篇一至二節）

- Reccitative（男高音）He that dwelleth in heaven Thou shalt break them

  *4.*那坐在天上的必發笑，主必嗤笑他們。

  *9.*你必用鐵杖打破他們，你必將他們如同窯將的瓦器摔碎。

  　（詩篇二篇四節、九節）

- Chorus（合唱）Hallelusah

  *6.*我聽見好像群眾的聲音，眾水的聲音，大雷的聲音說：哈利路
  亞，因為主我們的上帝，全能者，作王了。

  　（啟示錄十九章一節）

  *16.*在他的衣服和大腿上，有名寫著說：萬王之王，萬主之主。

  　（啟示錄十九章十六節）哈利路亞

- Air（女高音）I know that my Redeemen liveth

  *25.*我知道我的救贖主活著，末了必站立在地上，我這皮肉滅絕之
  後，我必在肉體之外得見上帝。

  　（約伯記十九章二十五至二十六節）

- Chorus（合唱）A men

心中兩個王

C 2/4

```
      C
  3 4 5 5 | 5 5 5 | 3 5 6 6 | 6 6 5 | 5 5 1 1 |
  我們 心中  兩個 王  看看 哪個   比我 強   一個 要我
          C        F          C   C
      7 6 5 | 3 3 6 6 | 5 3 2 | 3 3 3 2 | 2 1 1 |
  下地 獄   一個 要我    上 天 堂   下地獄的   是 魔鬼
      F        G       C        G
  5 5 3 5 | 6 6 5 | i i | i i 5 3 1 | 2 - | 1 - ‖
  上天堂的 天國 王   信靠 耶穌得進  天     堂
      C     F     C                 G
```

愛使我們相聚在一起

C 4/4

```
          C   F       C                    G
  3 4 | 5 5 5 6 6 | 5 - - 5 5 | i i i 3 i | 2 - - 3 2 |
  1 2 | 3 3 3 4 4 | 3 - - 3 3 | 3 3 3 #4 4 | 5 - - 5 4 |
  愛使  我們相聚一  起，   愛使  我們相 聚一  起，上帝
  讓我  們一齊高聲  唱，   讓主  愛從我 們開  始，我們
      C                F               C   G   C
  i 2 3 3 2 i | 6 6 7 i | 7 6 | 5 i i 7 2 | i - - |
  3 4 5 5 4 3 | 4 4 5 6 | 5 4 | 3 3 3 2 4 | 3 - - ‖
  的愛使我們合  而爲一體，  愛使  我們相聚一  起。
  手拉手，讓世  界知 道，  愛使  我們相聚一  起。
```

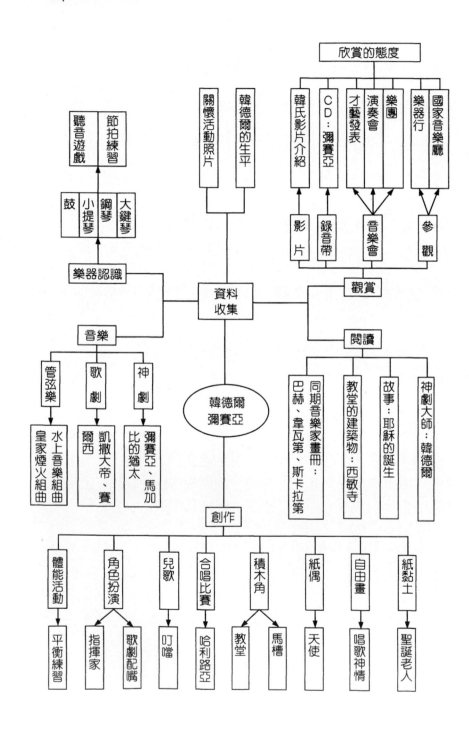

您也可以自己製作主題網！

民族音樂家

德佛札克

曲目：念故鄉　　　　　　　　　　　　　　　文：游意斐

一、教學目標

㈠能分辨出低音管與其他樂器的音色。

㈡能藉由對鄉土的認識，激發出幼兒對社區鄉土的認同感。

㈢認識德佛札克及「新世界交響曲」的創作緣由。

二、教學引導

㈠事前預先向家長徵求有關該家族或祖籍地代表特色之文物圖片。

㈡讓幼兒先回家問爸爸媽媽或爺爺奶奶的故鄉在哪裡。

三、教學時間

㈠可利用課堂間零碎時間播放「新世界交響曲」第二樂章，緩和轉換幼兒情緒，並加深印象。

㈡畢業典禮歡送畢業生時，亦可播放此曲，取代「驪歌」，創造不同的氣氛。

四、教學設計與內容

㈠音樂欣賞

1. 以故事《風箏》飛到遠方落地生根，年老想念家鄉的情節引起幼兒的注意，讓幼兒討論如何幫助風箏爺爺回家，進而產生同理心。

2. 觀賞「新世界交響曲」第二樂章 VCD。

3. 介紹德佛札克生平及創作「新世界交響曲」的原因。

4. 介紹低音管。

㈡美勞

聽「新世界交響曲」第二樂章，畫「我最想念的人或最想念的一件事」或者是「我的社區」。

㈢律動

龜兔賽跑：選取任一小段快板節奏音樂與「新世界交響曲」第二樂章「念故鄉」主旋律（約十秒），隨機交錯錄製成十五至二十分鐘音樂帶，以龜兔賽跑為藍本，讓幼兒先行設計討論龜兔走路跑步動作，再配合音樂節奏快慢模仿龜兔賽跑，讓幼兒了解快板與慢板的不同。

㈣語文

放置德佛札克圖畫故事書及低音管樂器圖片。

唐詩：李白〈靜夜思〉、王維〈雜詩〉：「君自故鄉來，應知故鄉事。來日綺窗前，寒梅著花未？」

㈤常識

1. 阿公阿媽的家：

　⑴事前預先向家長徵求有關該家族或祖籍地代表特色之文物圖片。

　⑵讓幼兒先回家問爸爸媽媽或爺爺奶奶整個家族是從哪裡搬來台灣的。

　⑶請幼兒發表並配合掛圖、地圖介紹家鄉位置、名產或當地特殊風土民情。

2. 認識我的社區：

　⑴教師可先將社區地圖內主要道路畫好，以學校為圓心，讓幼兒回憶標出社區內重要的路標。

　⑵讓幼兒發表討論社區內的特色。

　⑶拜訪里長伯（校外教學觀摩）：請里長伯為幼兒針對社區特色

再做更詳細地介紹。並在實地探勘的同時，順便將路標拍攝成照片，回校後貼在地圖上，以取代原有的文字圖形標示。

(4)若探主題的園所，可在空地或教室內重新建構「我的社區」。

3.玉兔報喜（配合中秋節）：利用髮圈和螢光棒摺成兔耳朵，搭配睡衣，裝扮成兔寶寶。入夜後，仿美國報佳音的方式，至社區內烤肉的人家前表演兒歌要糖果吃。希望藉此活動增加幼兒與社區間的互動，增加幼兒對社區的認同感。

 五、作曲家簡介

安東寧‧德佛札克（Antonin Dvorak）一八四一年九月八日出生於波西米亞（今捷克）首都布拉格附近的一個小鎮。父親是鎮上一家小旅店兼肉店的老闆。德佛札克從小就對音樂有著濃厚的興趣，也展現出非凡的音樂天賦。八歲時德佛札克在父親的引領下，開始跟當地學校老師學習小提琴；十歲時便和鎮上管弦樂隊合奏，贏得不少掌聲。

但是，由於德佛札克是家中八個小孩的長子，雙親鑑於家境貧困，希望長子能繼承家業以改善生活，因此不讓德佛札克接觸音樂。德佛札克小學畢業後，父親便把他送到茲洛尼斯舅父家，當殺豬宰羊的學徒，順便學做生意。

德佛札克沒有辜負父親的期望，順利地考取屠宰執照，但他對這些事情實在毫無興趣，一心一意只想朝音樂發展。這時教導他德文與音樂的小學教師李曼（Liehman），見他確有過人的音樂才華，便向其雙親遊說。德佛札克終於在十六歲時進入布拉格風琴學校（今布拉格音樂學院）就讀，接受正規的音樂教育。然而，德佛札克的父親並無

力供應他學費，德佛札克只好利用課餘的時間在鎮上的樂隊或教會裡，甚至小咖啡館中充當小提琴手，賺錢維持生活。

　　一八六〇年德佛札克以第二名的成績畢業。他的優異表現獲得史麥塔那賞識，提拔他進入自己所創立的布拉格捷克臨時國民劇院擔任小提琴手，並借給他各種樂譜供作曲上的研究。這時，德佛札克才有機會大量接觸西方名作曲家的作品，包括貝多芬、孟德爾頌、舒曼等。德佛札克在這種半工半讀的情況下，一方面追隨史麥塔那吸收民族音樂，另一方面潛心研究古典音樂的作曲技巧。

　　德佛札克寒窗苦讀持續十年之久，奠定了他日後發展音樂事業的基石，進而能夠接下史麥塔那所創民族音樂的棒子，不僅成為十九世紀末室內樂和交響曲的領導者，更成為國民樂派的代表人物。一八七三年德佛札克根據愛國詩人哈勒克的作品，成功地發表第一部作品《白山後裔》。演出後，受到熱烈的回響，德佛札克獲得應有的讚賞，也堅定了他邁向音樂之路的信心。同年年底，德佛札克未婚妻安娜小姐的雙親，也因此首肯兩人的婚事。

　　一八七四年，德佛札克譜寫了「降 E 大調交響曲」，並於次年以此曲申請奧國文化部為清寒青年藝術家所設的國家獎助金。德佛札克的作品受到三位評審委員一致的好評，尤其是布拉姆斯，這位素以嚴苛著稱的作曲家，認為德佛札克是不世出的奇才。由於受到布拉姆斯刻意的提拔，德佛札克不但迅速通過申請解決了經濟問題，布拉姆斯更以其高知名度及影響力，促請維也納音樂家演奏德佛札克的作品；同時在寫作上給予德佛札克建議與指導，並將自己的經驗與心得提供德佛札克作為參考。兩人間的友誼因此日漸深厚，他們一直互相幫助密切合作，兩人這種亦師亦友的感情一直維持到布拉姆斯去世為止。

　　邁入五十年頭的德佛札克，他的作品和名望從捷克漸漸遠播到英

國等地。雖然有人邀請他前往維也納、德國等地作曲，但都遭到拒絕，因為熱愛祖國的德佛札克認為只有自己的國家才是真正的家。一八九二年，創辦紐約國家音樂學院的紐約富商妻子瑟勃夫人，以至誠至意的優厚待遇，加上德佛札克想將捷克音樂推廣到世界各地的宏大抱負，終於獲得德佛札克的首肯，暫時離開祖國，遠渡重洋來到完全陌生的新大陸，擔任紐約音樂學院的院長。

來到美國的德佛札克，雖然對新大陸的生活充滿好奇和新鮮感，但內心仍舊抹不掉對波西米亞的思鄉情懷。於是在第一個暑假來臨時，便在助手科瓦瑞克（也是德佛札克的學生）的陪同下，前往愛荷華州史匹威鎮度假。這裡的居民全都是波西米亞後裔，德佛札克的思鄉心情也在這裡獲得慰藉，作曲靈感更是一湧而上，因此完成了他一生中最後一首，也是最耀眼的一首交響曲「新世界交響曲」。這首交響曲正如他所說：「此曲不但有美國精神，還有波西米亞民族主義的色彩，更有懷念波西米亞的鄉愁」。

一九〇四年春天一向身體硬朗的德佛札克，突然罹患腎臟與膀胱的疾病，並有高血壓的現象，以致不得不臥病在床。五月一日，天氣十分晴朗，德佛札克的病情似乎隨著天氣好轉，不料在午飯時卻突然中風。這位享譽全球的音樂大師便長逝於飯桌上，享年六十三歲。

德佛札克創作生命長達四十三年。作品共約四百首，這些曲子包含了為數眾多的管弦樂、合唱曲、協奏曲以及奏鳴曲等。不論是哪一種作品，他都秉持著創作的熱忱與忠實的態度進行譜曲工作。而無意間流瀉而出的民族性及悠揚旋律，可說是匠心獨具，出人意表的變化可說是信手拈來、餘音繞梁，這種種的特色使得他的音樂更為動人，作品因而成為今日音樂會上常見的曲目。對廣大的愛樂者而言，德佛札克實已永垂不朽。

念故鄉

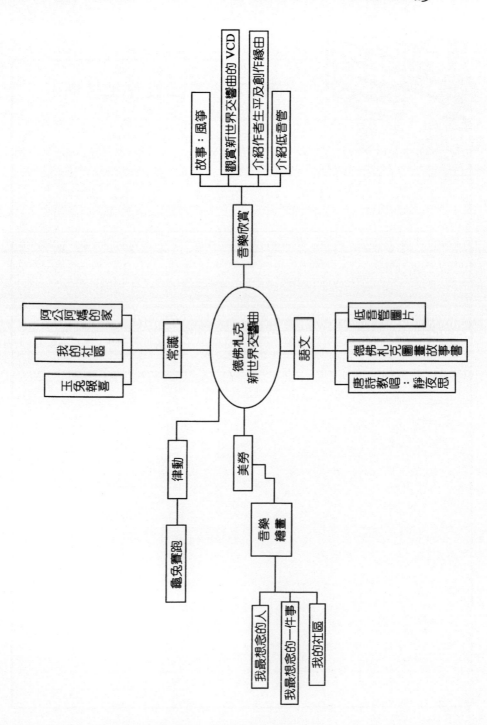

您也可以自己製作主題網！

歌劇天才

華格納

曲目：尼貝龍根的指環之萊茵的黃金　　文：高立名

一、教學目標

㈠引發欣賞說唱藝術的興趣。

㈡認識礦物。

㈢加強觀察與判斷力。

㈣培養深入思考的習慣。

二、教學引導

㈠認識黃金的特性與用途。

㈡欣賞《萊茵的黃金》動畫錄影帶。

㈢介紹台灣著名礦產。

三、教學設計與內容

㈠引起動機

欣賞《萊茵的黃金》動畫錄影帶（建議欣賞到諸神誘騙抓住尼貝龍根變成的青蛙即可，後段劇情可用說故事方式結尾，避開暴力的畫面。最好是在欣賞動畫前，先做出劇中主角紙偶，介紹給孩子，有助於了解劇情演變，並加深印象）。

㈡展開活動（可視時間擇一而行）

1. 活動一：黃金的秘密（科學實驗）

目標：認識黃金的特性和用途。

內容：

(1)展示各種黃金製品（如首飾、金片等）和孩子討論黃金在生活中的用途。

(2)利用科學實驗來介紹黃金的特色。可利用硬度較低的礦物來做為對照用，如石墨、滑石、浮石、紅磚等。讓孩子透過加熱、刮磨、敲打、冷凍等方法，來觀察礦物的變化。延展度可用口香糖的相似特性向孩子解釋；抗氧性可用鐵製黑髮夾泡水會生銹做為對照，讓孩子比較。

(3)討論黃金的特性是什麼，並想想黃金可用來做什麼？優點和缺點為何？

資源：黃金飾品、金塊、硬度不同的礦物、冰塊、加熱器材、

　　榔頭等硬物、釘子、透明玻璃杯。

2. 活動二：拜訪礦石的家（遊戲）

　目標：認識台灣著名的礦產。

　內容：

⑴「採礦冒險隊」：先讓孩子認識九份的黃金、花蓮的大理石、
　金山的金瓜石、陽明山的硫磺等台灣所產著名礦物（地名可貼
　在產地照片上、礦石可用實物照片黏貼在立體物上，若有實物
　更棒）。再以玩尋寶圖的方式，將孩子分成小隊，每隊皆拿一
　藏寶圖，尋找出指定的礦石，先找到即獲勝。老師可自行延伸
　變化，也可用下指令的方式玩，或讓孩子自行安排藏物的地點、
　設計會遇到的關卡等。礦物可和產地照片藏在一起讓孩子尋找，
　或先找出礦石再和老師手中的產地配對，來加強印象。

⑵「我來拿」：玩法和「大風吹」一樣，先將小孩分小組，同一
　組拿同一種礦物。在地板貼上產地名稱和照片（同一產地要貼
　二個，盡量隔遠一點）。同組成員一定要一起活動，不可落單。
　由一人當鬼問：「我來拿？」其他人回答：「拿什麼？」做鬼
　的可說：「拿有『黃金』的人。」有黃金那組的孩子便須趕快
　從原產地逃到另一個產地（注意產地和礦物要配對），當鬼的
　人可趁機抓下一個當鬼的小孩。另一種玩法是全組不必一起移
　動，一個孩子站一個位子，但須注意產地的名額必須比有礦物
　的小孩少一個，才有人可抓。再者可把孩子分成當礦石和產地
　二種，配成隊即可蹲下，也是產地要比礦石名額少一個，可利
　用頭套來幫助辨識。

　資源：各產地照片、名稱字條、礦石照片或實物、頭套、膠帶。

㈢**綜合活動**

*1.*討論礦石的特色與和我們生活的關係。

*2.*討論分享觀賞動畫的想法（可引導下列問題做討論）：

(1)如果你是諸神會如何把戒指拿回來？

(2)小矮人會把戒指還給諸神嗎？

(3)小矮人為什麼會去偷黃金？

(4)小朋友希望的結局是什麼？

(5)如果你是小矮人，你會怎樣解決問題？

 四、延伸活動

㈠介紹欣賞地方說唱藝術（如布袋戲、歌仔戲、國劇）。

㈡深入探討價值觀，可利用兒童繪本引導。

金錢價值觀（書——《元元的發財夢》，信誼）。

自我肯定（書——《阿倫王子歷險記》，格林文化；《我就是我》，

風車；《拼拼湊湊的變色龍》，上誼）。

偷竊問題（書——《統統是我的》，台灣麥克）。

五、作曲家簡介及創作緣由

㈠作曲家簡介

　　‧一八一三年誕生於德國萊比錫的理查‧華格納（Wilhelm Richard Wagner），是音樂史上最偉大的改革者，活躍於十九世紀後半期。身高僅一百六十五公分的他，全身散發的才氣，令人敬仰。尤其是在他的音樂中，充滿激昂的民族意識，為德國的音樂史上增添璀璨的扉頁。他常對學生說：「我對戲劇的喜好……並非基於消遣或娛樂，而是音樂將我帶進一個幻想的王國。這個王國既富魅力又引人入勝‧」

　　其實華格納對戲劇的熱情，早自童年已產生。在他六個月大時，父親去世，母親改嫁給一名猶太裔演員、導演兼喜劇作家陸德維希‧蓋耶（Ludwig Geyer），繼父對華格納及弟妹呵護照顧備至，十五歲前華格納都使用蓋耶這個姓，日後也極為懷念蓋耶。當然，他們也自然而然地對戲劇產生濃厚的興趣。家中除了經常舉辦音樂會外，生活裡更常有熱烈討論戲劇和音樂的畫面，華格納就這樣度過他豐富的童年。

　　小學階段的華格納不喜歡學習正規課程，唯獨偏好音樂、戲劇和詩歌，希臘神話、莎士比亞戲劇及德國民間詩歌成了他閱讀的最佳伴侶。

　　一八二八年，華格納聆賞了貝多芬「第七交響曲」後，心靈受到巨大震撼，決定要成為一位作曲家，偷偷去學校聽音樂理論的課，並向圖書館借了一些有關和聲與作曲理論的書，還聘請管風琴師特奧多

‧威利格指導自己。

威利格很快感受到這年輕人的音樂天賦，傾注心力地教導他「對位法」和「賦格」藝術，奠定了他扎實的音樂基礎。

一八三一年，二十歲左右的他進入萊比錫大學就讀，陸續擔任各地指揮，並發表「妖精」、「戀愛禁令」等作品，未獲肯定。而這時候，他戀愛了，與馬德堡歌劇女伶米娜‧普拉納結婚。一九三九年《黎思濟》、《漂泊的荷蘭人》相繼公開演出後，華格納聲勢扶搖直上，生活也益加揮霍無度，不善處理財務又涉入一樁政治事件（德勒斯登暴動），只好逃亡他鄉——蘇黎世。

在他潦倒之際，他仍持續創作歌曲，得到巴伐利亞國王路易二世的歆羨，於一八六四年將華格納接到慕尼黑。路易二世欣喜得知華格納有作《尼貝龍根的指環》的計畫，即為他蓋了一個劇院，大力支持他的創作。

華格納繼續創作中斷已久的《尼》劇第三部，但朝廷大臣未能接受他，只好再度過著流亡的日子。

一八六五年，避居日內瓦的華格納潛心創作《紐倫堡的名歌手》。此間米娜去世，柯西瑪成了他的第二任妻子。華格納也聽說拜魯特有著名劇院，他親自勘察，覺得該劇院舞台過小，決定定居當地，請路易二世資助，蓋一座專門演出《尼貝龍根的指環》的劇院。

一八七六年八月《尼貝龍根的指環》正式分四天演出，當時王公貴族，包括路易二世、德皇威廉一世及歐洲名流仕紳，都出席這場世紀盛會。歐洲頓時掀起一陣華格納旋風，這時華格納六十三歲。

一八八三年，華格納突然心臟病發作，客死異鄉，享年七十。他去世後，拜魯特的音樂季依舊每年舉辦，全歐洲一流指揮家、一流管弦樂團和一流的歌唱家都會群聚一堂，共同演出華格納的作品。華格

納的音樂就這麼一遍又一遍地傳送至每個人的心中。

㈡**創作緣由**

　　偉大歌劇《尼貝龍根的指環》是根據日耳曼神話與英雄傳說創作而成，包括中世紀德國敘事詩「尼貝龍根之歌」、古代北歐歌謠曲集《艾達》（Adda），以及日耳曼英雄傳說《威爵格故事》，整齣戲劇的故事相當複雜。

　　《尼》劇共分三大部分，一是由佛旦所支配的「天庭」；第二是「塵世」的人類；第三是「地下」的尼貝漢姆（意指霧國）。

　　傳說萊茵河底藏著一塊黃金，由三個萊茵的女兒看守。唯有永遠拒絕愛情的人才能得到黃金，擁有權勢。侏儒族（即尼貝龍根）的阿貝里希想追求三個萊茵女兒之一，卻遭取笑戲耍，惱羞成怒的他在得知黃金的秘密後，發誓拒絕愛情，取走黃金。

　　另一方面，佛旦差遣巨人族兄弟建造神殿，答應完成後要將掌管青春的漂亮女神佛萊亞送給他們。建造神殿的這段時間，佛旦可以到世界各地尋找寶物，打算日後換回佛萊亞，誰知萊茵的寶藏被偷，巨人兄弟帶走佛萊亞，要佛旦拿萊茵寶藏來換。

　　阿貝里希得到黃金寶藏後，打造成指環，統治尼貝龍根族，並令侏儒打造一頂魔盔，戴上後可以隨意變換外觀，他的權勢更大了。只是佛旦法力更高強，用計騙阿貝里希，將他監禁，取得指環。只是阿貝里希曾在指環上下詛咒：每一個擁有指環的人都會遭到厄運，直到指環再回到他手中為止。

　　經過一連串爭鬥，最後以毀滅性結局結束這齣龐雜的歌劇。黃金寶藏又回到萊茵女兒的手中。

　　全齣戲劇結合音樂、戲劇、文學藝術，始終貫串德國文學「愛是

憂傷」的思想，探討人類受命運操縱的現象。

　　這個作品總共花費華格納二十三年光陰，卻不見前後不一的情形，圓熟的處理技巧，精闢雄偉。

 六、參考資料

1. 錦繡文化編撰（民 83 年），音樂巨匠雜誌〈音樂與典藏系列〉華格納㉛，台北市：文庫出版，錦繡文化。
2. 古典之門 14 歌劇選粹 VA-150001-2（福茂動畫版歌劇系列第二集），台北市：福茂。

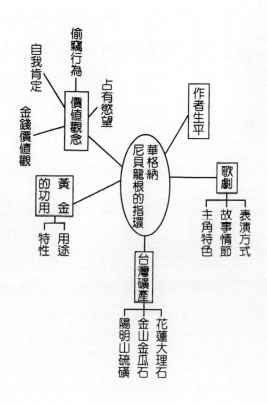

您也可以自己製作主題網！

融民謠於歌劇
蒲契尼

曲目：杜蘭朵公主　　　　　　　文：林乃方

 一、教學目標

㈠引導幼兒認識欣賞古典歌劇。

㈡培養幼兒扮演（歌唱）戲劇的能力。

㈢培養幼兒編故事的能力。

㈣讓幼兒了解戲劇規則及欣賞的禮貌。

二、教學引導

㈠教唱中國民謠「茉莉花」，並加入動作。

㈡放《杜蘭朵公主》的「公主徹夜未眠」，及各類中國民謠、合唱曲、
流行歌曲、兒歌……等。感受孩子對各類曲子的接受度，再將「公
主徹夜未眠」的曲子放三次以上，看幼兒的反應，並在晨間來園、
靜息時間皆放歌劇曲子，讓幼兒習慣。

㈢以手指布偶或圖片方式講述《杜蘭朵公主》的故事。

㈣設計小謎語，讓小朋友猜謎。

㈤介紹中國紫禁城的圖片，介紹相關文化（臉譜、燈籠），皇帝接見大臣的儀式……等。

㈥播放《杜蘭朵公主》的卡通版錄影帶，老師在旁講解。

 ## 三、教學設計與內容

㈠引起動機

先播放《杜蘭朵公主》片卡通版、歌劇版（第一幕、第二幕猜謎對唱部分）。

㈡討論發表

看完影片，對歌劇的想法及感覺。

㈢展開活動

1. 活動一：「茉莉花」在哪裡

　⑴聽 CD 找「茉莉花」的音樂。

　⑵觀看錄影帶（卡通、歌劇皆可）找「茉莉花」的音樂。找到後，以肢體比一朵最漂亮的茉莉花（可單人，或二、三……人以上一起比）。

2. 活動二：「歌唱對話」

　找一首曲調重複性的兒歌，先將原曲唱熟，再利用重複曲調，將

日常生活的每一句對話，放入重複兒歌中，如：「兩隻老虎」、「三輪車」（可利用《杜蘭朵公主》劇第二幕猜謎對唱的重複性曲調更佳）。

⑴先由老師對全體幼兒歌唱對話，再由各別的孩子歌唱對話。

⑵可利用半天時間，生活步調講話，都要以歌曲對唱表現。

3.**活動三：律動與獨唱、二部輪唱、三部輪唱、合唱**

⑴先由老師帶領聲音的高低、快慢、強弱，並配合手勢動作及打擊身上的聲音，踏地板、拍手，感受聲音大小強弱，並配合律動（可用國劇動作作律動），可利用錄音帶音樂的節奏來做律動。

⑵老師指揮，齊唱、二部輪唱、三部輪唱。

4.**活動四：鑼鼓大猜謎**

準備工作：①旋轉箱輪。

②掛牌，寫上題目，畫上答案圖。

老師在旋轉箱中放入號碼球，老師替幼兒唸題目，幼兒回答，並自己撕下答案圖，答對自己敲鑼，答錯自己敲鼓。

找題方式：除上述方式，可用骰子（二個）加出題號，或題目以兒歌字排列，抽到字牌找題號，老師可以以自己想訓練孩子何種能力，設計找題方式。

找掛牌方式：可以以踩氣球或屁股坐破氣球，找到題目紙，或以水中撈月，釣魚……等方式，找到題目，增加各種趣味性。

5.**活動五：黑色喜劇**

⑴原劇扮演，可用「歌唱對話」，或一般對話方式，讓孩子自由呈現，布景可讓幼兒自己布置，也可利用幻燈機（放映紫禁城的建築爲背景）或攝影機同時放無聲的歌劇影片爲背景，如果用此方式，要注意燈光問題，以炬光手電筒爲主角打光，更有效果。

(2)黑色喜劇：

　①老師將平時幼兒熟悉的童話故事改編，例如：《三隻小豬》、
　　《白雪公主》、《青蛙王子》……等。

　②老師帶領孩子改編《杜蘭朵公主》，如果「王子沒猜對」、如
　　果「柳兒嫁給王子」、「爆笑杜蘭多」、「柳兒欺騙王子」……
　　等，讓幼兒發揮想像力，自己團體討論改編，最後由老師整合，
　　講述整個故事，讓幼兒演出自己的故事。

(3)可以對比演出，同一個舞台同時演出二種故事版本，有對比穿插
　的效果，但可能適合大一點的孩子。

四、作曲家簡介及創作緣由

㈠作曲家簡介

　　喬科摩・蒲契尼（Giacomo Puccini）在樂壇崛起，跟他的家庭背
景有很大的關係。一八五八年，他出生於義大利盧卡一個音樂世家，
祖先自十八世紀以來，歷代皆從事跟音樂有關的工作，並在當地享有
盛名。蒲契尼很小的時候，就因家庭環境的影響受到嚴格的音樂訓練。

　　蒲契尼童年時十分調皮，在學校上音樂課，漫不經心，回家也不
做功課，十歲開始在教堂聖歌班唱聖歌，十四歲為分擔家計，到教堂
彈風琴，無論唱歌或彈琴，他都沒有完全依規矩行事，不是即興唱他
自己想唱的，就是把不相關的歌劇曲調偷偷加入他的琴聲裡，用來捉
弄教堂的長輩。

　　他在十六歲時迷上民謠和歌劇，有一次他為了觀賞威爾第作品

《阿伊達》（Aida），不惜步行十公里去看這部歌劇，當時深受感動，便決定離開家鄉到米蘭學音樂，並立定將來朝歌劇作曲發展的志向。母親爲達成兒子的願望，親自上書皇后，說明他的才華，終獲皇后解囊資助，順利踏上赴米蘭求學之路。

蒲契尼的學生生涯清苦，但他已寫了一批宗教管弦樂習作，在校發表，反應不錯，學業結束後，蒲契尼完成他的第一部德國化歌劇《群妖圍舞》（1884 年），這是他歌劇創作生涯的開始。

蒲契尼最廣爲人知並常被搬演的四部歌劇：《波西米亞人》、《蝴蝶夫人》、《托斯卡》、《杜蘭朵公主》。他採用異國音樂作曲是從《波西米亞人》這部歌劇開始的，是奠定他在義大利可以作爲威爾第接班人的代表作。

以日本爲背景的《蝴蝶夫人》，是蒲契尼刻意強調東方音樂色彩的一部歌劇，描述一名美國軍官返國後，遺棄日本妻子的故事，在紐約演出成功，成爲英雄人物。他的藝術事業因這部異國風情的歌劇達到頂峰；《杜蘭朵公主》則是最後一部遺作。

蒲氏的歌劇作風繼承自威爾第，富有起伏性的戲劇內容，旋律優美動人，雖然沒有威爾第雄渾的規模，但抒情旋律纖細而柔美，比威爾第有過之而無不及。他與威爾第最大的不同是，題材較爲現實性，以社會新聞、緊張而富有愛情的羅曼史，以及身邊隨手拈來的大小事情作爲題材，尤其擅長用音樂刻畫女人的愛恨情仇，而成就了自己的歌劇，卻也因女人的愛恨情仇，延遲了歌劇創作。《波希米亞人》的「冰冷的手喲」、「人家叫我咪咪」，《蝴蝶夫人》中的「星光在閃耀」、「微妙的調和」，《杜蘭朵公主》的「公主徹夜未眠」……等，都是歌劇史上的名曲。

蒲契尼年輕時雖然是一位花花公子，婚後卻一直深愛著妻子，但

在婚姻上卻遭到挫敗。他的作品反映永遠的愛情，每一個主角都愛情專一，且均爲純情女性。女人是蒲契尼歌劇中不可或缺的要角，也是他創作的障礙之一，他將全部的生命投入歌劇中。如果不是因爲他的妻子多疑善妒，在蒲氏中年，作品的成熟階段，創作泉源應該會更澎湃。

《杜蘭朵公主》是蒲氏最後一部歌劇，正在創作關鍵時刻，因喉痛聲啞就醫，得知罹患喉癌，一九二四年秋天，蒲契尼從義大利赴比利時接受割治手術時，手邊還帶著《杜蘭朵公主》終曲的草稿，但那次入院，蒲氏再也沒有起身過，蒲契尼帶著未完成的《杜蘭朵公主》與世長辭，最後三十六頁劇本是由學生阿爾法諾補筆的。

㈡創作緣由

《杜蘭朵公主》是蒲契尼作曲的十大著名歌劇之一，也是最後未完成歌劇。蒲契尼前後花了四年的時間耕耘這部歌劇，他的靈感來源，有一說是：作者曾在柏林看過《杜蘭朵》的舞台劇深受感動，決定將它改編成歌劇。而又有一說，是曾與蒲氏合作的劇作家希莫尼，給了他一份十八世紀威尼斯劇作家勾季所寫的神話喜劇《杜蘭朵公主》劇本，大讚這是一齣好戲，決定改編成歌劇，而原始故事可能都是出自《一千零一夜》中的古老傳說，並以中國民謠「茉莉花」穿插其間，是一個以中國古代宮廷故事爲主軸背景的故事，讓第一次接觸歌劇或多次接觸歌劇的中國觀眾，在觀看時更能產生共鳴感。但整部歌劇並沒有受到中國音樂的約束，若將它說成是「中國風格」的歌劇，是錯誤的，它是一部典型的蒲契尼風格的歌劇旋律作品。

㈢故事大綱

第一幕：

　　以猜謎徵婚的杜蘭朵公主，將處死猜謎失敗的波斯王子，此時，王子卡拉富為波斯王子不平，又被公主的美貌迷惑，決定敲大鑼，進宮猜謎，王子的父親帖木兒勸阻兒子無效，眾人力勸阻止，均動搖不了卡拉富的心意，暗戀卡拉富的女奴柳兒懇求，也依然意志堅強。

第二幕：

　　公主以三道謎題：

　1. 每夜飛出的幽靈，於破曉時消失在心中再生。

　2. 不是火焰，卻如同火焰般興旺。

　3. 如冰霜般可以令你發熱，但你的火焰仍使他冰冷。

　　卡拉富以「希望」「熱血」「杜蘭朵」三個答案都答對，令公主吃驚不已，但公主悔婚，卡拉富眼見公主不甘下嫁，以「猜一猜，我的名字」，並用生命交換達成協議。

第三幕：

　　公主為找出卡拉富的名字，下令北京城內的人民不准安睡，直到查出陌生青年的名字，並強迫柳兒說出王子的名字，柳兒不懼，以「愛情的力量」來回答公主不懼的原因，柳兒為怕自己受不住拷打而屈服，自刎而死。卡拉富因公主的狠心冷酷，扯下她的面紗強吻她，於是冰冷的心被融化，此時公主知道王子的名字是「愛情」，在眾人高呼歡唱中，祝兩個有情人永浴愛河。

終曲：

　　蒲契尼雖未能完成《杜蘭朵公主》便突然去世，但他曾將未寫完的部分音樂彈給指揮家托斯卡尼尼聽。於是托斯卡尼尼委託當時義大

利年輕一代深具潛力的作曲家阿爾法諾，參考遺稿代補完成，不過終曲雖短短十五分鐘，卻遭到諸多議論，據說《杜蘭朵公主》首演時，托斯卡尼尼僅指揮到柳兒自殺的部分，便放下指揮棒，表面上是對蒲契尼的緬懷，實際上是不認同阿爾法諾的音樂。

 ## 五、參考資料

1. 曾清嫣（民 87 年），杜蘭朵公主，台北市：文經社。

2. 福原信夫等著（民 69 年），名曲與巨匠，台北市：志文。

3. 結城亨（民 68 年），古典音樂欣賞入門，台北市：志文。

4. 服部龍太郎（民 70 年），一百個偉大音樂家，台北市：志文。

5. 福茂動畫版歌劇系列 OPERAVOX 第一集——浦契尼：杜蘭朵公主威爾第：弄臣，台北市：福茂。

6. 浦契尼：杜蘭朵公主（歌劇錄影帶），台北市：福茂。

7. 浦契尼：杜蘭朵（EMI　classics 歌劇特區 1）。

8. 可拉（民 88 年），七個小矮人，台北市：小知堂。

9. 芭芭拉‧G‧沃克（民 85 年），醜女與野獸，台北市：智庫文化。

10. 文：約翰席斯卡，圖：藍史密斯（民 83 年），臭起司小子爆笑故事大集合，台北市：麥田。

11. 《彼得與狼》、《動物狂歡節》（CD），台北市：上揚音樂。

12. 周汛、高春明（民 87 年），傳統服飾形制史，台北市：南天書局。

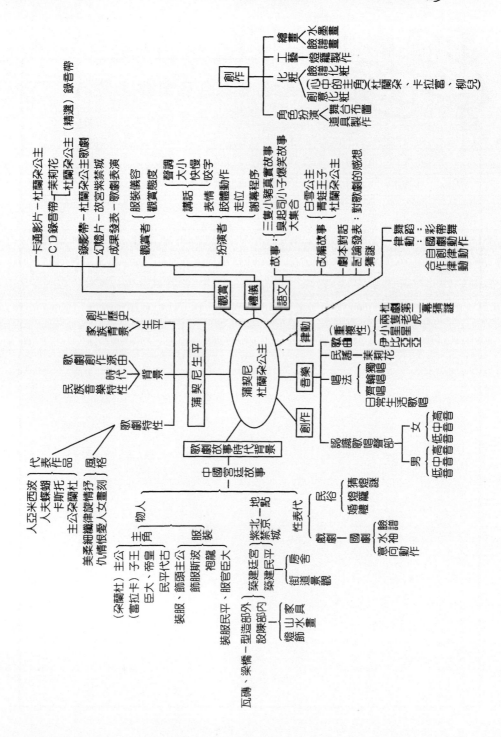

您也可以自己製作主題網！

與莫札特匹敵的神童

聖桑

曲目：動物狂歡節　　　　　　　　　　文：游寒冰

教學目標

㈠培養欣賞樂曲的能力。

㈡引發以身體動作創作的能力。

㈢認識不同的樂器有不同的音色。

水族箱

一、教學引導

㈠欣賞聖桑「動物狂歡節」中第七段「水族館」的錄音帶或 CD。

㈡認識鋼琴、長笛、鋼片琴以及弦樂器，聆聽每一種樂器的音色。

㈢認識水裡常見的魚。

二、教學設計與內容

㈠引起動機

　1.參觀樂器行。

　2.進行收集樂器圖片、樂器。單元前兩週發通知單徵求家長協助。

　3.參觀水族館，觀察比較、分辨魚外形且說名稱。

㈡討論發表

　1.介紹音樂家聖桑。

　2.參觀樂器行的心得，說出樂器的名稱及辨別音色。

　3.觀賞水族館後，知道水中有各式各樣的水中動物。

㈢展示

　1.於教室內展示樂器和樂器圖卡。

　2.在教室內設置觀察箱，並用適量的水養幾隻常見的魚。

㈣語文

　1.聽鋼琴、長笛、大提琴的錄音帶，能分辨說出樂器名稱（坊間唱片行可購得各別樂器之錄音帶或 CD，價格實惠）。

　2.童謠：「魚兒水中游」。

　3.故事：《小黑魚》（「小袋鼠第二卷第五期」，信誼）。

㈤音樂律動

1.教唱「魚兒水中游」。

2.聆聽聖桑所作「水族館」且敘述樂曲內容。

3.隨著音樂自由舞動（《活動設計 1：音樂運動》，四、表情，頁 24，熱帶魚，信誼）。

㈥工作

1.繪畫水族箱：油蠟筆繪魚、石頭、水草等，水用水彩繪。

2.摺紙：各種摺魚的方式。

3.立體工：製作水族箱。

㈦遊戲

1.釣魚：將摺魚或畫魚剪下，用迴紋針別在上面。在筷子上綁一條 線，線的下端綁一個磁鐵。

2.撈魚：買一些小魚放入盆中，用棉紙或宣紙做網子撈。

動　物

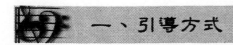
一、引導方式

㈠欣賞聖桑「動物狂歡節」中第一段「序奏及獅王行進」、第二段「公

雞和母雞」、第三段「野驢」、第四段「烏龜」、第五段「大象」、
第六段「袋鼠」、第九段「林中杜鵑」、第十段「大鳥籠」、第十
三段「天鵝」、第十四段「終曲」的錄音帶或 CD。

㈡認識鋼琴、單簧管、低音提琴、長笛、大提琴以及弦樂器，聆聽每
一種樂器的音色。

㈢認識動物的特徵，了解類別及習性。

二、教學設計與內容

㈠引起動機

1. 參觀樂器行。
2. 收集樂器圖片、樂器，單元進行前兩週發通知單徵求家長協助。
3. 去動物園實際觀察各種動物，且說出動物的名稱和特徵。
4. 準備動物的卡片和書籍。

㈡討論發表

1. 介紹音樂家聖桑。
2. 參觀樂器行的心得，說出樂器的名稱及辨別音色。
3. 觀察動物園後，知道每一種動物名稱、習性和特徵。

㈢展示

1. 樂器和樂器圖卡。
2. 動物的書籍和圖片。

㈣語文

1. 模仿動物的叫聲。

2. 聽鋼琴、單簧管、低音提琴、長笛、大提琴的錄音帶，能分辨說出樂器名稱。

3. 童謠：「大象」、「老鷹抓小雞」。

4. 故事：「森林之王選舉」（《伊索寓言》）。

㈤音樂律動

1. 教唱「大象」、「老鷹抓小雞」。

2. 聆聽聖桑所作動物狂歡節中「序奏及獅王的行進」、「公雞和母雞」、「野驢」、「烏龜」、「大象」、「袋鼠」、「林中杜鵑」、「大鳥籠」、「天鵝」、「終曲」，且敘述樂曲內容。

3. 隨樂曲自由舞動。

㈥工作

1. 動物面具製作。

2. 立體工：利用紙盒、蓪草製作動物造型。

3. 撕貼畫。

㈦遊戲

1. 老鷹抓小雞。

2. 動物遊行：聖桑「動物狂歡節」中「終曲」。

三、作曲家簡介

　　聖桑（Camine Saint-Saens）是一個法國公務員的兒子，一八三五年出生在巴黎，三歲能作曲，七歲就對音樂進行分析，十三歲便進入巴黎音樂學院，並獲得管風琴和作曲的獎金，成為一家巴黎小教育堂的管風琴師傅。二十二歲時被任命為巴黎最著名教堂之一的馬德萊納教堂管風琴師，他在此教堂做了二十多年，四十六歲時被選入學院，其間獲得多種榮譽，創作樂曲受到人們尊重、喜愛和讚揚。

　　在他輝煌的一生中，不論是歌劇、交響曲、交響詩、協奏曲、室內樂、鋼琴曲、風琴曲與聲樂曲的各類音樂，均留下數目龐大的作品，其中包含著無數傑作。聖桑於一八八六年二月到捷克首都布拉格和奧地利首都維也納等地，舉行音樂演奏會。在奧地利名叫庫普拉哈的小鎮度假時，應巴黎好友大提琴家魯布克的請求，為狂歡節的音樂會寫作一首新曲子。他忽然心血來潮，想把動物園中常見的動物，也加入熱鬧喧嘩的狂歡節場面中。於是寫成這部人人喜愛的「動物狂歡節」，又稱作「動物園幻想曲」，是由十四段小曲組成。依序介紹如下：

⑴序奏及獅王的行進：由兩架鋼琴聯彈顫音，開始序奏；雄偉莊嚴的進行曲，表示獅子登場，曲中可以聽到獅子咆哮的聲音。

⑵公雞和母雞：單簧管表示母雞的叫聲，最高的鋼琴彈奏出公雞的啼叫。

⑶野驢：由兩架鋼琴不停地快速演奏，描寫出野驢在遼闊的草原上，敏捷地奔馳追逐。

(4)烏龜：在鋼琴的伴奏上，由低音弦樂器的主題，描寫出烏龜慢慢爬
　　行的情景；這一段借用了法國作曲家奧巴赫的「天國與地獄」中的
　　旋律。

(5)大象：低音提琴奏出一段圓舞曲曲調，描寫出大象沉重笨拙的步
　　伐，和滑稽可笑的舞姿；此曲原是法國作曲家白遼士所寫「浮士德
　　的天譴」。

(6)袋鼠：兩架鋼琴交替奏出裝飾音樂句，描寫袋鼠前行時的姿態。

(7)水族館：鋼琴清澄琶音，表示玻璃箱中水清澈透明；靜靜地優游魚
　　群，由長笛和弦樂器描繪出；銅片琴則刻畫出在日光下閃閃發光的
　　銀鱗。

(8)長耳人：由第一小提琴和第二小提琴奏出來的聲音，是表示莎士比
　　亞喜劇《仲夏夜之夢》中，一種驢頭人身的怪物高聲嘶喊。

(9)林中杜鵑：幽靜的深山以鋼琴和聲巧妙表現，間歇地用單簧管模擬
　　杜鵑的啼鳴。

(10)大鳥籠：弦樂器的顫音，意指鳥兒在籠中振翅飛翔，小鳥在枝椏間
　　上下跳躍，用長笛吹奏出情景，鋼琴演奏模仿出小鳥一起啁啾的聲
　　音。

(11)鋼琴家：車爾尼的一首練習曲，諷刺學習者反覆的練。

(12)化石：木琴冰冷的音色和管弦樂合奏，奏出骷髏跳舞時的旋律「骷
　　髏之舞」，中間加法國民謠「小星星」片段。

(13)天鵝：兩架鋼琴琶音伴奏，以示清澈的湖水；大提琴娓娓道來動聽
　　的旋律，好似神情高雅的天鵝在水面上浮游。

(14)終曲：進入最後活躍熱鬧大團圓場面，鋼琴做為前導，然後弦樂器
　　掀起了狂歡喧囂的氣氛，各種動物再次登場匯集歡樂，最後於沸騰
　　高潮中結束。

聖桑的音樂聽起來就像是古典音樂。它「正確」但絕不沉悶，從小就是一個神童，被視爲鋼琴奇才，擔任首席管風琴，著作有關繪畫、哲學、文學和戲劇的書，受人尊敬的指揮令人咋舌，是多產和有才能的作曲家。

 ## 四、參考書目

一、邵義強編著（民 75 年），名典欣賞指引，台北市：天同。

二、邵義強著（民 70 年），管弦樂淺釋，台北市：全音樂譜。

三、Phil G. Goulding 著（民 85 年），作曲家生平及其作品（古典音樂入門下），台北市：世界文物。

四、郭志浩著（民 82 年），古典 CD 解讀，台北市：世界文物。

五、泰德・利比著（民 87 年），古典 CD 鑑賞，台北市：聯經。

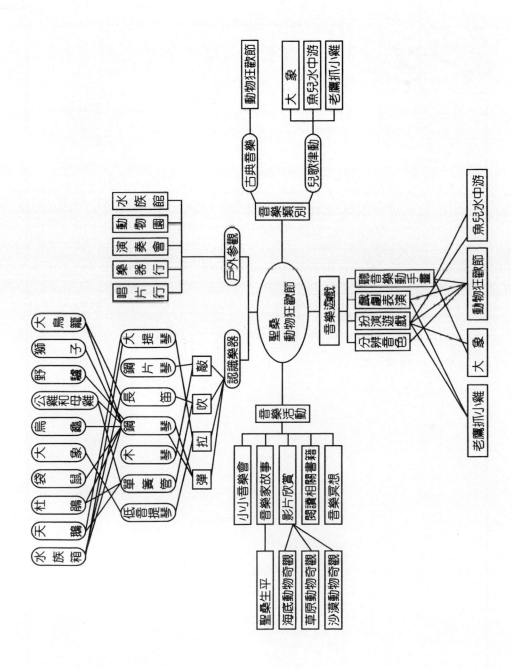

您也可以自己製作主題網！

# 為兒童編寫音樂劇

浦羅高菲夫

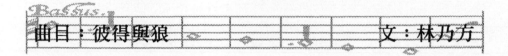

曲目：彼得與狼　　　　　　　　　　　　　文：林乃方

一、教學目標

㈠引導幼兒認識不同的樂器及熟悉樂器不同的聲音特性。

㈡引導幼兒了解不同樂器聲音特性與動物聲音特性的關係。

㈢讓幼兒了解音效的製作過程。

㈣讓幼兒了解廣播劇製作過程與參與廣播劇演出。

二、教學引導

㈠講述與狼相關的故事《小紅帽》、《三隻小豬》、《七隻小羊》……
　　等故事。

㈡講述《彼得與狼》故事，觀看故事圖。

㈢播放《彼得與狼》中文版 CD。

㈣觀看不同動物的圖片，及動物習性成長圖書。

(五)觀看《彼得與狼》錄影帶。

(六)北國風情──蘇俄。

 ## 三、教學設計與內容

(一)樂器與聲音──聽音樂、聲音，分辨樂器

　　引起動機：聆聽不同樂器的小品音樂，《彼得與狼》（外文版）的 CD 錄音帶（或錄影帶）。

　1.準備各種樂器的圖片與樂器字牌。

　2.先觀看拉威爾的《波麗露》錄影帶，認識樂器與聲音。

　3.聆聽《彼得與狼》CD，分辨聲音與樂器，老師並可準備音樂樂器圖卡，加深幼兒印象。

(二)樂聲像什麼動物聲──音樂舉牌

　　討論樂聲的特性，聲音的類別（弦樂器、管樂器、打擊樂器、聲音高低），像什麼動物的聲音？為什麼會選這種樂聲代表某種動物？

　　音樂舉牌──將樂器圖卡、動物圖卡分發給每位小朋友，每人各一張，播放《彼得與狼》CD，幼兒聽到屬於自己樂器圖卡的聲音就舉牌（例如：笛子聲→拿笛子樂器牌、小鳥圖卡的小朋友舉起來），並隨音樂節奏搖動。

(三)樂器家族音高連連看──聲音與樂器的延伸

　1.分辨樂器的高低，並以胖、瘦、高、矮圖形來區分。

2.幼兒可以以律動，聆聽聲音比出胖、瘦、高、矮的律動姿勢。

3.將胖、瘦、高、矮及不同樂器的圖片各分兩邊，貼在地上。

樂器：

胖瘦音高圖：

　　小朋友分二人一組，並各拿皺紋紙兩端，《彼得與狼》音樂放出，小朋友隨音樂連出高低音及樂器在地板上連連看。

4.親子活動：請每位小朋友回家與父母找一首古典小品的錄音帶及CD，每位小朋友放自己的音樂，其他小朋友分組做地板連連看，可延伸至組合式，大型連連看。

㈣打擊樂器對話

　　每位小朋友拿不同的打擊樂器（大小鼓、鈴鼓、鈸、響板、手搖鈴）。

1.先由老師以小品音樂，做節奏的探索與練習。

2.老師先與一位小朋友演出——老師先打節奏，幼兒依自己的想法打出自己的音樂話語，再以不同的變化節奏打擊。

3.小朋友與老師圍成圓圈，先由老師開始打節奏，想回答的小朋友以樂器回答，一次一位，或二位，三位……多位，到自由彈力式對答。

4.美的活動延伸——對答同時，以回答的雙方或多方，由另外的老師或助教，以皺紋紙條連接，黏在地板上，（如果一次多位，以相同顏色的紙條相接），一首對話結束，地板上會呈現五彩的音樂圖形，可由正規（圓、三角、正方）圖形，到創意圖形，也可以在地板上墊紙，保留音樂圖形。

例圖：

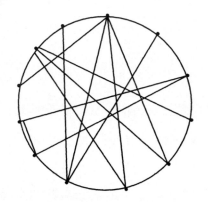

• 代表幼兒

㈤「本土彼得與狼」

引起動機：聆聽《彼得與狼》CD（英文版）。

討論：樂聲像什麼動物聲音？樂器與樂器有沒有在說話？是不是在講一個什麼樣的故事？

1. 由小朋友共同自編故事，老師整合故事，老師與幼兒畫出故事圖，並與討論，共同取故事名稱。

2. 播放《彼得與狼》CD（中文版）。

討論發表原版故事與自編版本故事不同的感覺與想法？

㈥腳印屋

1. 由老師帶領幼兒觀看不同的動物腳印書。

2. 老師準備，或由幼兒畫不同的動物腳印（可做成薄磁鐵片式），貼在地板上、天花板、牆上，完成腳印屋。

3. 播放《彼得與狼》音樂，幼兒以站→坐→兩隻手→兩隻腳→四肢→四肢加頭，播到不同動物音樂，以肢體去找腳印。

4. 可拿長形助物（棍子、木條、高帽子），延伸接觸範圍，增加趣

味性。

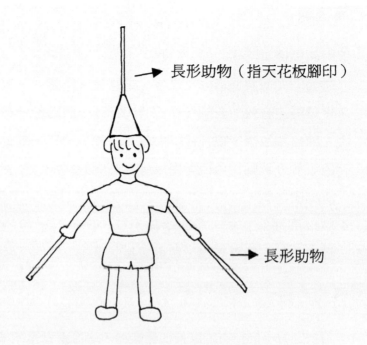

長形助物（指天花板腳印）

長形助物

　　註：音樂可以分段式播放，讓幼兒有找腳印的時間。

5. ・代表幼兒

播放《彼得與狼》CD，幼兒以綁磁鐵的繩子，站
在□外，播到代表某種動物的音樂時，投擲該腳印。

6. 如果學校有攀岩矮牆，可一起配合做活動。

㈦大摺紙

1. 基本摺紙教學。

2. 小組大摺紙──以報紙合併黏貼，幼兒小組共同摺出不同的大動
物。裝飾部分，老師幼兒可發揮創意，對大摺紙做黏貼，彩繪……
等裝飾。

⑻**廣播劇**

1. 引起動機：不同的聲音聆聽。

討論：如何製造音效（風聲、走路聲、槍聲……等）。

2. 實驗製造音效：老師與幼兒共同實驗，討論像什麼聲音。

3. 先前自編故事，或《彼得與狼》一劇……等，讓幼兒分配不同角色，並分為動物角色對白、旁白及音效搭配（三大組可輪流），演出廣播劇。

4. 製成廣播錄音帶，並放給孩子聽，聽聽自己說的故事，分享感覺，並每人錄製一捲，做為成長記憶。

⑼**終曲活動**

請全園會不同樂器的家長演奏樂器，或可請到室內樂團體……等，舉行一場小型演奏會。

註：師生可進行演奏會前的準備工作（票務、海報、座位分布、場地安排、邀請卡……等）

 四、作曲家簡介及創作緣由

㈠**作曲家簡介**

浦羅高菲夫的母親是一位傑出的女鋼琴手。浦氏從小便開始練習鋼琴，六歲已能創作簡單的圓舞曲與輪旋曲，八歲觀賞了柴可夫斯基的舞劇《睡美人》與鮑羅定歌劇《伊果王子》，翌年便自己創作歌劇

《巨人》，大家都為他的音樂天分而感到驚喜，一九〇四年進入聖彼得音樂院，才華受到教授的注意，並接受和聲、鋼琴、管弦樂法、指揮的訓練，受益良多。

一九一一年是浦氏最重要的一年，第一次在莫斯科郊外公開演奏兩首管弦樂「夢」與「秋的素描」，接著完成初期的重要作品，第一鋼琴協奏曲「作品十」。隔年公演遭到評論家的惡評：「這種富精力的、粗暴狂野的噪音，根本不值得稱為音樂」，相反的另一家報紙卻讚美曲子富有幽默與分量，並「脫離了奢靡與頹廢感」，評論家的意見紛紜，使此協奏曲明顯地成功，認為此曲演奏中的觸鍵，使人聯想到足球比賽，及肯定浦氏鋼琴樂風富有強健的男性性格。

浦氏一九一四年音樂院畢業，作曲成績未得到教授好評，鋼琴演奏上卻獲得第一名，即赴倫敦旅行，欣賞芭蕾舞團公演，並受託以烏克蘭草原原始居民史基泰人的故事為背景，改編成舞劇《阿拉與羅利》，但因音樂太枯燥而被拒絕。其後改成四樂章組成的「史基泰組曲」，此作品樂器編制的規模很大，一九一六年由浦氏親自指揮，聽眾被新奇大膽的音樂所驚，一位管弦樂團的團員對另一名同伴說：「我應該去買點什麼藥來吃，否則聽了這樣瘋狂的音樂真是會生病的」，評論家並說「作曲者自己野蠻而狂熱地指揮此音樂」，使浦氏愈來愈出名。

浦氏研究十八世紀的音樂時，最喜愛海頓與莫札特，亦有模仿此二人的味道，做出最著名的浦氏作品「古典交響曲」。

一九一七年二月，發生俄國革命。浦氏說：「俄國革命的波浪強烈地震撼了我的心，我想用音樂來表現，卻不知如何是好，這個主題在我心裡保存了一段很長的時間。」這一年，浦氏特別多產，不久發生十月革命，全國陷於動亂不安的風暴中，浦氏無法生活，決定赴

美。這段時間，他窮得分文莫名，並與芝加哥歌劇院訂立契約，寫了
《三個柑橘之戀》，劇中的「詼諧進行曲」非常著名，巧妙地襯托出
劇中詼諧氣氛。浦氏全部的五首鋼琴協奏曲中，以第三號為代表性傑
作，並與柴可夫斯基的「降 b 小調協奏曲」、拉赫曼尼諾夫的「c 小
調協奏曲」並稱俄國三大鋼琴協奏曲。

　　離開祖國十六年，浦氏回到俄國，返國後第一首曲子是電影《基
傑中尉》的配樂，這是一首諷刺與詼諧性的曲子，正好適合他的口味，
接著發表《羅蜜歐與茱麗葉》，亦改成組曲，並拍成電影，風靡一時。

　　一九三六年初，浦氏完成了為兒童所寫的管弦樂曲「彼得與狼」，
此曲在演奏時有一人以旁白說明劇情，登場人物以各種樂器來表示，
首演很受歡迎，至今仍在世界各國演奏。

　　自從回到俄國後，浦羅高菲夫即埋首於作曲之中，很少從事於旅
行。浦氏的作品非常多，包括七首交響曲、七首協奏曲、十四首奏鳴
曲，其中第五號交響曲、第三號鋼琴協奏曲、第七號鋼琴奏鳴曲等均
為曠世之作，歌劇舞劇共十五部，也有數首歌唱曲，浦羅高菲夫是消
除俄國所謂社會主義、寫實主義、貧困化的最偉大的作曲家，革命前
所接受的音樂教育以及在歐洲遊歷十五年，最後又回到蘇維埃的音樂
政策，他的經驗可說是非常廣闊，也是現代俄國作曲家中樂風最多采
的一位。

㈡創作緣由

　　一九三六年，俄國作曲家浦羅高菲夫參觀莫斯科中央兒童劇院舉
行的第一場音樂會，浦氏注意小朋友對於舞台上的樂器感到極大興
趣，並指指點點。

　　演出結果十分圓滿，獲得浦氏讚許，劇場經理便順道邀請他為劇

團寫作一部為兒童介紹樂器的作品。浦氏欣然應允，並建議用故事串連整部作品，而且故事中的每一個角色與動物都將會有各自代表的樂器與曲調。他花了短短數天便完成了這部作品，並定名為「彼得愚弄野狼」。不久他親自用鋼琴演奏給一大群的小朋友欣賞，他們表現了高度興趣。

　　整部作品在正式演出前，樂團會將每一件樂器代表的角色與曲調介紹給小朋友認識，由於演出十分成功，得到很大迴響。

　　首演當年的稍後，劇院特別為浦氏加演了一場，在場的有他與妻子及兒女，浦氏表示：「『彼得與狼』不僅是獻給莫斯科的兒童，也是獻給我自己小孩的禮物」。

五、參考資料

1. 彼得與狼（動畫錄影帶），台北市：福茂。

2. 文：格林兄弟，圖：莫尼卡、萊古伯（民 85 年），小紅帽，台北市：華一書局。

3. 傑克卜斯著，嶺月譯寫（民 78 年），三隻小豬，台北市：台灣英文。

4. 格林著，嶺月譯寫（民 78 年），野狼和七隻小羊，台北市：台灣英文。

5. 彼得與狼（中文旁白 CD），台北市：上揚。

6. 彼得與狼（英文旁白 CD），台北市：福茂。

7. 服部龍太郎（民 70 年），一百個偉大音樂家，台北市：志文。

8. 吳倩怡（民 86 年），音樂萬歲，台北市：格林文化。

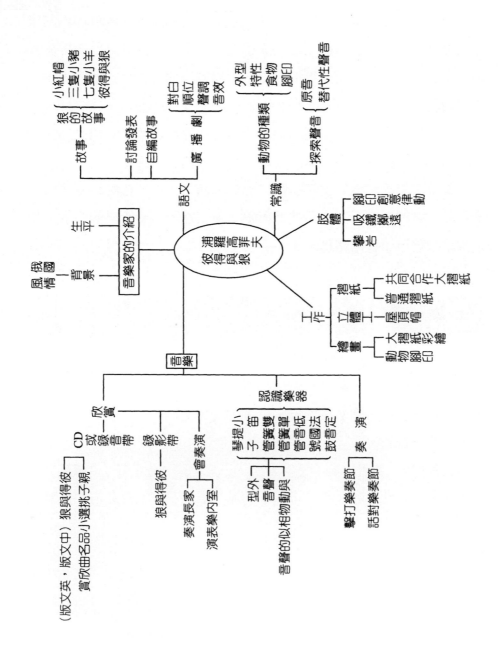

您也可以自己製作主題網！

後記 _____

感謝兩年多來，「古典音樂研究小組」的老師們努力、認真地參與及投入。老師們平日教學、畢業再進修、假日投入研究，這種自我鞭策的精神，真是值得我們喝采與仿效。

尤其在研究期間，不分你我，熱烈討論，分享自己多年教學經驗，提供自己的創意妙方，讓每一個教案更充實更周延，真的很令人感動。我覺得我們都成長了，雖然找資料、研究方法、試教的過程曾遇到一些瓶頸，可是在老師們巧手慧心的自製熱麵包，帶來各式清涼冷飲，過年前，還很有默契地各帶不同「年貨」（糕餅糖果）一起嘗鮮的日子裡，我們終於完成了「古典音樂教案」。每每在研究會議後的回家途中，我的心總是那麼喜悅與振奮。

走過春天，度過冬天；又一年的百花盛開了，懷念共同研究的歲月，深深感謝研究小組老師們的付出！

認真的女人最美！你們永遠是最年輕、最美麗的老師！

吳淑玲

2000 年 6 月 20 日

兒童音樂參考書單 _____

1. 林朱彥（民 86 年），兒歌與童謠中的音樂天地，台北：師大書苑。

2. 陳藍谷（民 88 年），讓音樂進入你家，台北：藝神文化。

3. 陳藍谷（民 88 年），和孩子共圓音樂夢，台北：藝神文化。

4. 王淑姿（民 89 年），如何讓孩子學好音樂，台北：台視文化。

5. 胡寶林・周結文（民 88 年），音樂韻律與身心平衡，台北：遠流。

6. 馬修（民 88 年），聆聽心靈樂音，台北：生命潛能。

7. Alexander Waugh（民 88 年），帶你聽音樂←古典音樂欣賞入門（書加 CD），台北：米娜貝爾。

8. Anthony Storr 著（民 87 年），音樂與心靈，台北：知英文化。

9. Atarah Ben-Tovim & Douglas Boyd（民 86 年），發掘兒童音樂潛能：如何選擇樂器，台北：世界文物。

10. Don Campbell（民 88 年），莫札特效應——音樂身心靈療法，台北：先覺。

11. Ger. Storm 著（民 87 年），兒童音樂遊戲 101，台北：世界文化。

國家圖書館出版品預行編目（CIP）資料

名曲教學與遊戲：古典音樂教案／陸小瑩等著.
--初版.-- 臺北市：心理, 2000（民 89）
面； 公分.--（幼兒教育系列；51047）

ISBN 978-957-702-384-1（平裝）

1. 音樂─教學法　2. 學前教育─教學法

523.23　　　　　　　　　　　89009959

幼兒教育系列 51047

名曲教學與遊戲：古典音樂教案

策劃主編：吳淑玲

作　　者：陸小瑩、林巧瑋等

總 編 輯：林敬堯

發 行 人：洪有義

出 版 者：心理出版社股份有限公司

地　　址：231026 新北市新店區光明街 288 號 7 樓

電　　話：(02) 29150566

傳　　真：(02) 29152928

郵撥帳號：19293172　心理出版社股份有限公司

網　　址：https://www.psy.com.tw

電子信箱：psychoco@ms15.hinet.net

印 刷 者：玖進印刷有限公司

初版一刷：2000 年 8 月

初版十二刷：2024 年 3 月

I S B N：978-957-702-384-1

定　　價：新台幣 300 元